ESTÁGIO DISRUPTIVO
O CAMINHO PARA SE TORNAR EX-TAGIÁRIO

Editora Appris Ltda.
1.ª Edição - Copyright© 2024 do autor
Direitos de Edição Reservados à Editora Appris Ltda.

Nenhuma parte desta obra poderá ser utilizada indevidamente, sem estar de acordo com a Lei nº 9.610/98. Se incorreções forem encontradas, serão de exclusiva responsabilidade de seus organizadores. Foi realizado o Depósito Legal na Fundação Biblioteca Nacional, de acordo com as Leis nos 10.994, de 14/12/2004, e 12.192, de 14/01/2010.

Catalogação na Fonte
Elaborado por: Dayanne Leal Souza
Bibliotecária CRB 9/2162

C117e 2024	Cabral, Victor Estágio disruptivo: o caminho para se tornar ex-tagiário / Victor Cabral. – 1. ed. – Curitiba: Appris, 2024. 127 p. ; 21 cm. Inclui referências. ISBN 978-65-250-6997-5 1. Estágio. 2. Disruptivo. 3. Inovação. I. Cabral, Victor. II. Título. CDD – 331.124

Appris *editora*

Editora e Livraria Appris Ltda.
Av. Manoel Ribas, 2265 – Mercês
Curitiba/PR – CEP: 80810-002
Tel. (41) 3156 - 4731
www.editoraappris.com.br

Printed in Brazil
Impresso no Brasil

VICTOR CABRAL

ESTÁGIO DISRUPTIVO
O CAMINHO PARA SE TORNAR EX-TAGIÁRIO

Curitiba, PR
2024

FICHA TÉCNICA

EDITORIAL	Augusto V. de A. Coelho
	Sara C. de Andrade Coelho
COMITÊ EDITORIAL	Marli Caetano
	Andréa Barbosa Gouveia (UFPR)
	Edmeire C. Pereira (UFPR)
	Iraneide da Silva (UFC)
	Jacques de Lima Ferreira (UP)
SUPERVISORA EDITORIAL	Renata C. Lopes
PRODUÇÃO EDITORIAL	Adrielli de Almeida
REVISÃO	Raquel Fuchs
DIAGRAMAÇÃO	Amélia Lopes
CAPA	Kananda Ferreira
REVISÃO DE PROVA	Bianca Pechiski

AGRADECIMENTOS

Aqui registro toda minha gratidão aos meus pais, Humberto e Eliana Cabral; ao Eder, pessoa extraordinária e excelente líder, que além de abrir portas para oportunidades, potencializou minhas habilidades; e ao Tiago de Almeida, por ser um líder inspirador, pela oportunidade de efetivação, por acreditar em mim e dar apoio sempre que necessário.

Além disso, gostaria de agradecer à Andreia Brandão, à Jenifer, à Corsine e à minha antiga equipe de *performance* por todos os ensinamentos e papos.

Muito obrigado, pessoal! Guardarei vocês todos em meu coração.

Dedico esta obra a todos aqueles que desejam transformar suas vidas e de outras pessoas por meio de sua profissão, seja ela qual for. Para os ingressantes, interessados e veteranos do mundo corporativo, que contribuem com força, rotina e determinação para tornar o mundo melhor. E para aqueles que tem sede de aprender, vontade de vencer e necessidade de inovar. As empresas nunca precisaram tanto de estagiários como precisam hoje, o rejuvenescimento das instituições e a transformação digital e cultural começam por aqueles que entraram agora nesse mercado, porém têm muito a contribuir.

*São as pessoas que ninguém espera
nada que fazem coisas que ninguém consegue imaginar.*

(Alan Turing)

PREFÁCIO

Quando comecei minha jornada como estagiário, percebi rapidamente que havia um grande potencial não explorado na experiência de estágio. Muitos enxergam o estagiário como alguém que está ali apenas para aprender o básico e executar tarefas simples, mas essa visão subestima a verdadeira capacidade e o valor desses jovens profissionais. Foi essa percepção que me motivou a escrever este livro.

Estágio disruptivo: o caminho para se tornar ex-tagiário é mais do que um guia prático; é uma chamada à ação para todos os estagiários e futuros empresários que desejam deixar sua marca nas empresas e no mundo. Acredito firmemente que o estágio não é apenas uma etapa de aprendizado, mas uma oportunidade de mostrar seu valor, inovar e influenciar positivamente o ambiente ao seu redor. Este livro foi escrito para empoderar você, o estagiário, a assumir um papel ativo e disruptivo na empresa, transformando a experiência de estágio em uma plataforma para o desenvolvimento profissional e pessoal.

Ao longo das páginas, compartilho *insights* e estratégias que acumulam minha experiência e observações, com o intuito de ajudá-lo a se destacar e realmente fazer a diferença. Estagiário não é mais o ajudante que pega café e água; é o futuro jovial de uma empresa, cheio de energia, ideias frescas e potencial ilimitado.

Desejo que este livro seja uma fonte de inspiração e orientação para que você possa aproveitar ao máximo seu estágio, desenvolvendo-se de forma sólida e concisa. Que você abrace cada oportunidade com entusiasmo e confiança, sabendo que cada passo dado é um investimento no seu futuro e no futuro da empresa onde você atua.

Com determinação e criatividade, você pode redefinir o papel do estagiário e provar que o futuro das empresas está nas mãos daqueles que têm a coragem de fazer a diferença.

Victor Cabral

SUMÁRIO

INTRODUÇÃO 15

PARTE 1

CAPÍTULO 1. EMBARCANDO NA JORNADA:
EXPLORANDO O ESTÁGIO DISRUPTIVO 18

CAPÍTULO 2. CAPACITAÇÃO TRANSFORMADORA:
PREPARANDO-SE PARA A DISRUPÇÃO 25

CAPÍTULO 3. METODOLOGIAS, TENDÊNCIAS E CONCEITOS 32

PARTE 2

CAPÍTULO 4. INOVAR OU ESTAGNAR: CRIATIVIDADE
NO UNIVERSO DO ESTÁGIO 42

CAPÍTULO 5. ALÉM DA SUPERFÍCIE:
REVELANDO O PROPÓSITO DO ESTÁGIO 49

PARTE 3

CAPÍTULO 6. PONTOS DE ATENÇÃO:
CUIDANDO DA SUA IMAGEM 57

CAPÍTULO 7. AUTOVALORIZAÇÃO ESTRATÉGICA:
DE ESTAGIÁRIO A ATIVO DE IMPACTO 63

PARTE 4

CAPÍTULO 8. DA IDEIA À AÇÃO: TRANSFORMANDO VISÕES EM RESULTADOS..71

CAPÍTULO 9. A IMPORTÂNCIA OCULTA: DESVENDANDO OS BENEFÍCIOS DO ESTÁGIO...76

PARTE 5

CAPÍTULO 10. PASSOS DECISIVOS: RUMO À EFETIVAÇÃO E AO SUCESSO DURADOURO...84

CAPÍTULO 11. VALE DO SILÍCIO: O QUE PODEMOS APRENDER COM O VALE DA INOVAÇÃO..93

PARTE 6

CAPÍTULO 12. PESSOAS QUE MUDAM VIDAS.......................102

CAPÍTULO 13. NOMENCLATURAS, CARGOS E RESERVA DE EMERGÊNCIA...109

PARTE 7

CAPÍTULO 14. A LINHA TÊNUE ENTRE PISAR E PULAR UM DEGRAU...118

NOTAS...123

REFERÊNCIAS..125

INTRODUÇÃO

Em um mundo em constante evolução, a palavra-chave é **MUDANÇA**. As antigas formas de trabalho, as hierarquias rígidas e as carreiras lineares têm sido gradualmente substituídas por um novo paradigma — um paradigma que valoriza a agilidade, a inovação e a capacidade de "pensar fora da caixa". Nesse cenário, os estagiários assumem um papel singular e extraordinário. Eles são os agentes da disrupção, os catalisadores da transformação e os arquitetos do futuro da empresa — e de suas próprias carreiras. Assim, ser disruptivo ajudará você a alçar longos e altos voos!

Bem-vindo a este livro sobre o *Estágio Disruptivo*. Um guia que explora o que significa, verdadeiramente, ser um estagiário disruptivo e como desafiar as normas estabelecidas para gerar impacto duradouro em sua próxima equipe e na empresa em que você está ou estará trabalhando. Aqui, vamos romper com as ideias convencionais sobre o estágio e desvendar o potencial, muitas vezes, inexplorado, que reside em cada estagiário.

Aproveito, também, para fazer uma breve apresentação minha e sobre como utilizei do estágio para ser disruptivo e mostrar valor aos meus líderes.

Muito prazer! Sou Victor Cabral, um ex-estagiário disruptivo de um grande banco e fundador da plataforma de trilhas sonoras *Wave Future*, que considero minha primeira experiência disruptiva e um grande salto em minha carreira.

Formei-me em Publicidade e Propaganda, com o intuito de me especializar em marketing e inovação. Foi aí que fiz alguns cursos transformadores, como o de Negócios oferecido pela Universidade de Harvard e o

Modelos de Negócio, da Universidade de Salamanca. O foco, no entanto, é no estágio e na capacitação que alcancei para chegar à efetivação.

Iniciei minha jornada em fevereiro de 2022, na área de Experiência do Cliente e Inovação. Aproveitei esse momento para criar bons relacionamentos, fazer a diferença a partir de boas ideias e gerar valor para os clientes. Foram esses os fatores que me levaram à efetivação e, justamente por isto, escrevi este livro: para ajudar outros estagiários a serem disruptivos dentro de suas equipes e empresas.

Aqui, os comandos-chave para esse momento do estágio são: **SEJA DIFERENTE** e **FAÇA A DIFERENÇA**. Existem formas de ser efetivado sem ser disruptivo, isto é um fato; mas, ao ser disruptivo, você consegue chegar mais longe e fazer com que seus líderes o enxerguem, desde o início, de uma forma positivamente diferente.

Curta bastante este livro e, caso tenha alguma dúvida ou queira bater um papo, não hesite em me contatar pelo *e-mail* que deixo a seguir. Ainda, caso você seja de São Paulo (capital) e queira conversar pessoalmente sobre estágio, carreira e/ou futuro, sugiro marcarmos um café!

Meu *e-mail* para contato é o seguinte: victormendescabrall@gmail.com.

Desejo uma boa leitura!

PARTE 1

*Por mais brilhante que a estratégia seja,
você deve sempre olhar para os resultados.*

(Winston Churchill)

Capítulo 1

EMBARCANDO NA JORNADA: EXPLORANDO O ESTÁGIO DISRUPTIVO

Provavelmente, se você está lendo este livro, é porque está ingressando como estagiário em alguma empresa ou, se ainda não, ao menos está interessado em fazê-lo. Então, de qualquer forma, meus parabéns!

O início do estágio é o mais marcante e o mais legal de todo o processo. É quando você vai ingressar em uma empresa e realmente apostar no seu futuro. Muitos executivos e CEOs de grandes corporações já estiveram no seu lugar, e essa é a mais pura evidência de que o estágio é um baita investimento em sua carreira.

Às vezes, eu vejo muitos estagiários sem um rumo. Bem, eu não sei quanto a você, mas eu acredito muito que um estágio bem-feito é um estágio focado, que visa um objetivo final. Atualmente, fala-se muito sobre propósito, e eu defendo muito tal ponto de vista, pois trata-se do **porquê** do seu foco e das suas decisões.

Apesar disso, se você não tem um propósito agora, fique tranquilo. O importante é que encontre-o pelo caminho e faça de tudo para cumpri-lo. Você verá que seu propósito, se bem executado, colocará você em evidência, uma vez que muitas pessoas não têm um foco definido, o que faz com que elas, infelizmente, andem em círculos, sem saírem do lugar.

Lembro-me de quando iniciei meu estágio em um grande banco. Eu não sabia nada sobre como realmente funcionava uma instituição financeira, sabia apenas que algo ali me encantava e que eu estava indo para um lugar muito legal. Fui direcionado para a área de Experiência do Cliente e, então, comecei a buscar conhecimento, pois sempre acreditei que nós, ingressantes em uma empresa, não temos o "olhar viciado" que as pessoas que já estão lá há mais tempo têm. Assim, pensei que talvez eu conseguisse agregar algo — e eis aí o famoso "pulo do gato" para um estagiário: fazer o que ninguém está esperando, e fazê-lo bem feito. Mas, relaxe, pois vamos "desenrolar" isso no decorrer do caminho. O importante é que você esteja preocupado com a sua carreira.

Hoje em dia, os estagiários representam o rejuvenescimento de uma empresa, porque, pense comigo: quanto mais pessoas novas, mais ideias novas; consequentemente, mais visões novas e… mais **inovação**! A peça-chave para uma empresa girar e se diferenciar no mercado em que está inserida. Então, saiba tirar proveito desse momento para mostrar todo o seu valor.

Você, por um momento, será o centro das atenções. Muitas pessoas da sua equipe estarão preocupadas com o seu conhecimento sobre a área, a equipe e as tarefas, afinal, muitas dessas tarefas auxiliarão tais pessoas — a menos que a sua área não possa delegar tantas demandas assim a você. De qualquer forma, a dica é: esteja preparado.

Tente enxergar seu departamento de uma forma cultural e a partir de uma perspectiva de alguém que está ingressando na empresa (mais adiante, vou explicar melhor o motivo). Todo lugar a que você for e/ou conhecer dentro ou fora da sua empresa terá uma cultura. Muito provavelmente, há uma cultura no local em que você mora, você só não a percebe; na sua equipe, também é assim, ela tem a sua própria cultura. Há equipes, por exemplo, que gostam de sair para conversar após o trabalho, às sextas-feiras; há aquelas que são mais "fechadas" por conta de uma liderança mais tradicional; já outras, são mais engraçadas… E por aí vai. O importante é que você perceba qual é a cultura de sua equipe e procure encaixar-se nela — ainda que essa não seja uma tarefa fácil, será essencial para que você se sinta à vontade e, com o tempo, tenha maior proximidade com a sua equipe.

Entretanto, se a cultura ali dentro for ruim ou lhe desagrade, sugiro fortemente que tente separar, ainda mais, sua vida em duas partes: a pessoal e a profissional. Dessa forma, você será capaz de seguir com o seu trabalho sem que ele interfira diretamente na sua vida pessoal (e vice-versa). Agora, caso seja realmente insustentável, eu o aconselho a sair do lugar em que você está: fale com o RH, com o seu líder, ou peça demissão da empresa (infelizmente, há momentos em que precisamos tomar atitudes extremas para que nada abale nossos valores intrínsecos). Aliás, há uma série muito interessante que ilustra bem essa divisão: "Ruptura" (até o momento da escrita deste livro, ela está sendo transmitida pelo streaming da Apple TV+, mas acredito que seja possível encontrá-la em outros lugares). Recomendo que você tire um tempo para assisti-la. Sei que cada caso é único, mas algo que te ajudará muito é a boa comunicação com as pessoas e sempre ter em mente que os cargos não ditam o nível de relação ou proximidade (em outras palavras, não seja amigo do seu líder porque ele é seu líder). Já adianto que você não deve trabalhar por cargo e sim por objetivo, mas falaremos adiante sobre essa premissa.

A aproximação que você cria com pessoas importa muito, pois será com elas que você poderá se abrir sobre suas metas, dar *feedback* sobre as tarefas, sua visão de carreira etc.

Pessoas que estão em cargos superiores ao seu têm mais experiência, então podem ajudar com conselhos e sugestões interessantes e bem-estruturadas. É natural que com a sua efetivação, ou mais adiante, você mude de equipe. E será justamente aí que crescerá profissionalmente. Então, aproveite o seu tempo de estágio também para conversar e construir relacionamentos. Não tenha vergonha, afinal, é a sua carreira que está em jogo!

Quando iniciei no estágio, eu pegava meu caderno e, quando não tinha tarefa alguma a cumprir, ia à mesa daqueles, na minha equipe, com quem eu tinha mais intimidade (e que não estavam em reunião naquele momento, é claro), para entender o que elas faziam e quais eram os seus objetivos pessoais. Era o momento ideal para eu aprender sobre como aquela pessoa estava alcançando seus objetivos, havia alcançado o cargo em que estava e o que ela estava fazendo para progredir.

Acredite: você notará que todos da sua equipe têm, muitas vezes, objetivos diversos, mas metas em comum. Todos querem, por fim, crescer de diferentes formas — daí eu ter comentado, já neste primeiro capítulo, sobre adotar uma visão "de fora" acerca da cultura da sua equipe, mas buscar se inserir e se adaptar a ela, pois são nesses momentos de análise externa que você aprende e colhe os melhores *insights*. Aliás, a grande questão sobre os *insights* é ser capaz de transformá-los em ação. Então, atente-se a isso. Você ouvirá certas dicas que deverão entrar por um ouvido e sair pelo outro, mas haverá outras que será válido tentar executar.

Minha antiga líder falava muito sobre proatividade e questionamento constante em relação a todas as tarefas que me eram delegadas. Depois que comecei a aplicá-los, passei a entender melhor o funcionamento das coisas e o porquê de aquela tarefa ter chegado até mim. Isso me ajudou a ter ideias e a criar repertório a fim de opinar no processo dessas atividades, sugerir melhorias e buscar novas práticas de execução. Muitas das atividades que chegam até você podem ter uma continuidade ou podem ser feitas de outras formas. Ou seja, jamais aceite a desculpa do "sempre foi assim": todos os processos têm pontos de melhoria, mesmo que sejam mínimos — e esse pode ser um ponto inicial para a equipe começar a te enxergar com outros olhos (no melhor sentido). Você não está ali só para aprender, mas também para ajudar no crescimento e desenvolvimento da equipe e da empresa como um todo.

Quanto a dar continuidade às atividades, vou compartilhar aqui um exemplo de algo que eu fiz:

Uma das minhas responsabilidades era preencher uma *planilha de controle de dados*. À época, eu era estagiário e me foi atribuída apenas a tarefa de alimentar esse controle do Canal de Autoatendimento (você deve conhecer como Caixa Eletrônico), que lançava versões para as máquinas. Eu preenchia a planilha com os números dessas versões, quantos projetos haviam sido implantados, o período em que estiveram em desenvolvimento, a data final, entre outros dados. A grande questão é que o superintendente (chefe da minha ex-líder) sempre perguntava sobre esse controle, e ela — minha ex-líder — enviava a ele um *print* da planilha.

Percebi, então, que esses dados poderiam ser mais visíveis — não sei qual é o seu conhecimento sobre estruturas de equipes, mas um superintendente precisa dos dados "mastigados", a fim de defendê-los e ter argumentos para falar com o diretor do departamento. Foi aí que criei um *dashboard* para esses dados. Minha ex-líder adorou e me pediu que o apresentasse ao superintendente, e assim tive a primeira grande oportunidade da minha carreira: conversar com um superintendente e mostrar o meu valor a ele.

Felizmente, eu o havia conhecido de outra forma (vou lhe contar essa breve história para que tente tirar *insights* positivos dela e, se possível, faça isso também):

Eu fui a um evento sobre "metaverso", um tema de que ele falava muito. Pouco tempo depois, perguntei à minha ex-líder se poderia fazer uma apresentação para mostrar à equipe o que eu havia aprendido lá. Ela prontamente aceitou, e comecei a me preparar para fazer a melhor apresentação possível, pois sabia que aquela era a oportunidade de ela, pelo menos, comentar sobre a apresentação com o superintendente.

O dia de fazer a apresentação para a equipe havia chegado. E de fato eu fiz, naquele dia, a melhor apresentação da minha vida! Tanto foi que, ao final, minha ex-líder disse: *"Victor, que apresentação incrível! Você precisa mostrar isso para o superintendente"*. Foi então que eu me dei conta de que havia alcançado outro patamar no meu estágio, pois ter uma relação boa com um superintendente significava muito sobre ele realmente saber quem eu era e saber em que eu tinha potencial, pois é muito mais fácil dois líderes (ele e a minha ex-líder) me conhecerem do que apenas um deles — digo isso em questão de efetivação. Então, o que fica de conselho é: tente inovar, mas atente-se ao fato de que há lugares em que aceitarão suas ideias melhor do que em outros, o importante é sentir o movimento das coisas e saber onde você pisa. Seja esperto!

Falando sobre salário, provavelmente você não esteja ganhando tanto quanto almeja para a sua carreira. Então, proponho que faça proveito desse dinheiro da melhor forma possível. Mais uma vez, sei que cada caso é único e, na situação em que muitos estagiários se encontram, o salário, é claro, ajuda a pagar as contas. Por isso, o dinheiro é um ponto delicado.

Caso seja possível, proponho que poupe o máximo que puder (com exceção daqueles que pagam integralmente suas contas e a quem realmente não sobra nada). A fase do estágio é, em tese, um período que lhe dará maior segurança do que nos demais cargos — a não ser que você esteja estagiando em uma empresa de pequeno ou médio porte, e ela esteja passando por uma crise. Mas, de qualquer forma, a segurança é um pouco maior. Sendo assim, aproveite esse momento para fazer sua reserva de emergência, assim você terá como se sustentar por um tempo, caso não seja efetivado na empresa. Não estou dizendo aqui para que dispense todo e qualquer atividade de lazer. Longe disso. Tente, porém, ser eficiente com o seu dinheiro, gastá-lo com inteligência será essencial para o seu futuro e para o início da sua carreira. Ter dinheiro em caixa é necessário não apenas para você seguir progredindo e realizando seus sonhos, mas para uma eventual emergência. Contudo, repito: entendo que em muitos casos esse dinheiro irá embora em sua totalidade, pois é utilizado para contribuir com o sustento da família.

Já bati esse papo com muitos estagiários, e esta é, puramente, a minha opinião: busque começar um estágio em uma média ou grande empresa. Além de a segurança ser maior, a sua projeção de crescimento é mais bem-definida. Muitas empresas se aproveitam dos estagiários de forma equivocada, pois precisam de eficiência e redução de custos, de modo que os contratam para assumirem a função de *júnior*, porém com um salário absurdamente inferior — e isso, infelizmente, acontece mais em empresas de pequeno porte (**não quer dizer, no entanto, que não aconteça em grandes e médias empresas. Fique de olho**). Se você sentir que está em uma empresa com essa cultura, vá buscando outras oportunidades, pois provavelmente não será efetivado e poderá ser o primeiro a ser demitido caso lhes falte verba.

Além disso, será durante essa jornada que você aprenderá, na prática, o que é gestão, pois terá que conciliar os estudos da faculdade, os cursos extras (caso você os faça), o seu estágio e os momentos de lazer, bem como controlar seus gastos. Basicamente, o que um líder faz, mas, é claro, você o fará em uma proporção muito menor.

Para tanto, sugiro que se organize por meio do calendário do seu celular ou por ferramentas de organização de tarefas. Eu utilizo bastante o *Trello*. É ali que mantenho minhas anotações sobre livros, ideias para levar à equipe, os compromissos que não posso perder, as demandas importantes que preciso entregar nos próximos dias, entre outras coisas. Eu não era uma pessoa muito organizada, mas graças ao estágio, aprendi a sê-lo. Confesso que controlar meus gastos foi uma tarefa difícil, em outros tempos eu prezava muito pelo meu lazer, e pouco sabia sobre investimentos e sua importância.

Atenção: caso esteja buscando um estágio, entre em contato comigo pelo *e-mail* que deixei na Introdução, posso enviar a você um modelo de currículo que funcionou para mim. Notei que ele foi utilizado por muitos estagiários, então, considero-o eficiente.

Capítulo 2

CAPACITAÇÃO TRANSFORMADORA: PREPARANDO-SE PARA A DISRUPÇÃO

Capacitar-se para o seu futuro não é uma tarefa rápida, isto é, a ser executada da noite para o dia e, por mais que muitos estagiários não gostem de estudar, o estudo faz, sim, parte — fundamental — desse processo. Seguir o conceito de *lifelong learning* é necessário para nós que viveremos em um futuro cada vez mais acelerado em questão de informação, inovação e transformação. Entretanto, de nada adianta estudar e não aplicar o aprendizado. Por isso, busque sempre por conhecimentos que trarão um repertório favorável ao seu propósito — esse, aliás, é um ponto-chave para a sua progressão de carreira.

Há muitas pessoas que curtem ler livros de ficção. Não acho que isso seja ruim nem estou dizendo para você ler somente livros técnicos, mas se interesse por estes livros também, pois eles têm certa importância. Todavia, lembre-se: livros técnicos não são, necessariamente, livros de autoajuda. Saiba diferenciá-los.

Um "norte" que eu segui — e que deu certo — foi buscar autores e profissionais que são referência na minha profissão. Dois grandes exemplos são *Philip Kotler* e *Peter Drucker*, profissionais considerados "fora da curva" e que escrevem bons livros. O interessante em suas obras é que elas sempre o conduzirão a algum outro autor e/ou livro correlato.

Toda vez que leio algum livro interessante, fico pensando de qual lugar determinado autor tira referências e em quem ele se espelha — uma prática importante para você seguir criando cada vez mais repertório, a ponto de começar a deter certo "domínio" sobre algum assunto. Mas, evidentemente, para tanto, é necessário vivenciar de fato aquilo que aprendeu, ou seja, colocá-lo em prática.

Caso seu estágio seja voltado a projetos ou envolva bastantes processos, eu indico que comece lendo livros sobre metodologias. Você perceberá que elas são parte do ritmo da empresa e definem se os projetos serão entregues rápida ou lentamente. Caso seu estágio envolva trabalhar com pessoas, negócios, tecnologia, ideias ou questões operacionais, sugiro que comece por um livro chamado *Tribos: nós precisamos que vocês nos liderem* (2018), de Seth Godin.

Creio que esse livro abrirá sua mente para aspectos interessantes acerca de proatividade, liderança e inspiração. Lembre-se de que essas são apenas dicas. Se você já leu livros desse tipo e não gostou, não se preocupe, o importante é que você construa repertório da forma que achar melhor, seja por meio de notícias, *podcasts*, entrevistas, *lives*, entre tantas outras possibilidades.

Capacitar-se para ser disruptivo tem tudo a ver com "pensar fora da caixa" e juntar ideias que estão no seu repertório. Tudo o que é tendência hoje em dia não passa de uma releitura de algo que já existia. Ser disruptivo é saber utilizar suas referências para criar algo novo que ajudará alguém e/ou facilitará algo. Por isso, a visão globalizada e os repertórios são tão importantes. Analise a sua área de trabalho do computador: ela é constituída por pastas que servem para guardar arquivos — algo muito utilizado antigamente, só que em formato físico. Repare na tela de aplicativos do seu celular: trata-se de uma espécie de "prateleira" com coisas sobre, só que em vez de livros ou objetos decorativos, são aplicativos… Percebe? Nós sempre utilizamos referências para criar e materializar ideias. E isso é justamente o que o torna um bom inovador e uma excelente pessoa disruptiva. Além disso, pensar de maneira "lateral" pode ser interessante em diversos casos. Veja o exemplo a seguir:

A *American Girl* é uma empresa conhecida por criar bonecas e produtos relacionados que contam histórias inspiradoras sobre meninas americanas. Fundada em 1986, a empresa tem como objetivo ajudar as crianças a aprenderem sobre a história e a cultura dos Estados Unidos de uma maneira envolvente e educativa.

Além de a empresa pensar de forma disruptiva desde o início, ela também pensou "lateralmente" quando decidiu criar roupas para que as meninas se parecessem com suas bonecas, uma maneira de criar mais conexão com as bonecas e, claro, aumentar a receita da empresa.

Esse foi apenas um exemplo de tantos que existem no mundo. As empresas inovam pensando de forma lateral e, querendo ou não, isso também é ser disruptivo. Pensar de forma lateral é saber dar continuidade a produtos e serviços ou uni-los de maneira inteligente.

Chegar nesse nível de pensamento e conhecimento dentro de sua empresa exigirá que você reflita constantemente em buscar soluções para as dores que sua área ou equipe tem; entender, de forma aprofundada, como ela funciona (por isso, construa relacionamentos dentro dela) e saber utilizar bons argumentos para defender suas ideias. Capacitar-se em negociação, oratória e ter jogo de cintura também ajudará você, afinal, é preciso saber "vender" sua ideia e, por mais bobo que isso pareça, é uma lição para a vida.

Para manter-se ou ingressar em um estágio é necessário saber falar em público — mesmo que em muitos lugares não seja preciso fazer grandes apresentações, saber se comunicar será importante para se relacionar com qualquer pessoa, independentemente da posição. Se você ainda não passou pela experiência de conversar com alguém em um cargo de liderança, sua hora chegará (*risos*). Então você perceberá que precisa saber falar em público (muitos estagiários sentem aquele "frio na barriga" quando isso acontece. A leitura ajuda muito nesse sentido.

Notei que depois que comecei a ler livros, fiquei mais tranquilo para falar em público e consegui arquitetar melhor minhas ideias ao conversar com alguém. Eu sou uma pessoa tímida com quem não conheço bem, isso é algo em que eu trabalho em mim, pois é importante saber se comunicar bem desde o primeiro contato. Inclusive, aquela expressão "a primeira impressão é a que fica" é verdade! Sendo assim, desfrute de boas leituras e treine falar em público, pois lhe abrirá portas.

Uma vez fui a uma palestra sobre WEB 3.0, e o apresentador começou a contar um resumo sobre o primeiro palestrante. Ele utilizou de palavras bonitas, como "especialista", "mestre", "diferenciado"... Quando o palestrante entrou e pegou o microfone, disse algo de que nunca me esquecerei: *"Eu não sou especialista em nada, só estudei mais e passei mais tempo entendendo sobre esse assunto do que os outros"*. Isso é bem verdade! Já parou para pensar o que você tem de diferente das pessoas que são consideradas "geniais"? A resposta é apenas as oportunidades que elas tiveram. Isso não significa que você não possa se capacitar a ponto de entrar para o rol de "pessoas geniais". Ser esperto ou estudioso não é um dom, é o esforço que você faz e o tempo que se dedica; por isso, estudar e se dedicar nunca é demais, afinal, é o seu futuro e ninguém o escreverá por você. Então, vá atrás dele, conquiste-o. Você não se arrependerá.

Mas, deixando esse papo meio *"coach"* que tivemos um pouco de lado, vamos falar agora sobre cursos. Muito do que aprendi e utilizo foi graças aos cursos extras que fiz. A faculdade me deu apenas uma boa base, então aconselho que você se inscreva e procure por cursos interessantes — cursos que resumam habilidades e competências que, provavelmente, você demoraria um certo tempo para aprender na faculdade. Além disso, se o curso for bom, você terá acesso a informações e desenvolverá habilidades singulares, o que poderá auxiliá-lo em seu estágio (se o curso tiver relação com as suas atividades).

Existem diversas plataformas de revenda de cursos. Contudo, atente-se: confira se o curso é bem avaliado e não se preocupe apenas em ter o certificado, preocupe-se em aprender. Eu normalmente seleciono cursos de faculdades renomadas no Brasil e no exterior; são cursos que sei que são bons e me ajudarão com as habilidades de que necessito. No entanto, não existe uma fórmula. Assim, faça aqueles que você sentir vontade.

Normalmente, eu reservo de duas a quatro horas para estudar, mas isso é algo que foi evoluindo com o tempo. Observe o quanto você aguenta assistir do curso, caso ele não seja ao vivo. Provavelmente, durante a semana será "puxado" fazê-lo, por isso eu reservo um tempo no domingo. Dessa forma, curto o meu sábado tranquilamente e já vou me preparando para iniciar a semana desde o domingo.

Ser um estagiário com a mentalidade de um profissional mais experiente lhe dará visibilidade no lugar em que você estiver (daí eu ter reservado um capítulo para falar exclusivamente sobre capacitação). Muitos estagiários têm o costume de não estudar mais depois de graduados e seguir apenas trabalhando. Esse é um erro que, além de ser horrível para sua carreira, pode, muitas vezes, estagná-lo. Quando puder, pesquise sobre a Lei da Difusão da Inovação. Você verá que quanto antes souber inovar em algo, melhor será para você e para sua empresa. Para tanto, a capacitação alinhada à experiência é superimportante. Sei que no estágio você não inovará em grandes proporções, mas o importante é começar se exercitando e trabalhando para isso.

Além de livros, cursos e palestras, busco sempre me manter antenado em relação àquilo que as áreas de alguma forma relacionadas à minha equipe estão fazendo; em qual setor elas estão inseridas (tecnologia, marketing, infraestrutura ou outros) e por quais motivos elas são importantes para a empresa. Fazê-lo lhe trará noção de espaço sobre a importância da sua equipe, além de repertório para pensar em inovar de forma mais avançada. Por exemplo, para tentar inovar dentro de uma equipe de sistemas/desenvolvimento, eu preciso entender que outras áreas usariam tal inovação e, assim, identificar de forma rápida se essa ideia é viável ou se deve ser descartada (não se preocupe se a maioria de suas ideias forem descartadas, o importante, como disse anteriormente, é sempre exercitar).

Retomando a questão do salário, há outro ponto importante: tente reservar uma parte dele para tal capacitação e não se esqueça de alinhar seus cursos ao seu propósito; não tente entender "o mundo inteiro", procure ser especialista em algumas coisas; o mercado de trabalho exigirá cada vez mais "profissionais T", que explicarei o que é no capítulo 4. A versatilidade é importante para você se adaptar a diversos lugares ou mudar de frentes em sua carreira em um futuro não muito distante, caso lhe interesse. Você pode ler um pouco mais sobre essa tendência, pesquisando sobre **metodologia ágil**, pois vem crescendo e já é muito requisitado por grandes empresas.

As entrevistas de emprego também ajudarão você nesse processo: quanto mais testar suas habilidades e poder de argumentação, mais fácil será passar em uma entrevista. Não estou dizendo para se candidatar a qualquer vaga ou ficar indo atrás de quaisquer entrevistas a fim de testar-se, mas quando não somos aprovados para alguma vaga (e isso é normal) é o momento que temos para refletir e nos aprimorarmos para a outra. Em várias entrevistas que fiz até ser aprovado no meu primeiro estágio, busquei sempre entender o porquê de não ter sido aprovado nas vagas anteriores e sempre percebi que o que me faltava era preparo, entender exatamente do que a vaga precisava e, de alguma forma, tentar prever o que aquele recrutador queria ouvir de mim. Não estou aconselhando você a mentir, tampouco a fingir ser bom em algo em que não é, mas compreenda exatamente as exigências da vaga e concentre-se em demonstrar as suas competências mais relevantes para ela — falar demais é um problema tanto quanto falar muito pouco, o segredo está no equilíbrio das informações.

Para além, outro ponto: não se preocupe se sentir que faltaram algumas coisas a dizer quando acabar a entrevista; isso é normal! Muitos amigos que se candidatam a determinadas vagas me relatam que ao final da entrevista ficam com aquela sensação de "faltou falar isso". Esse sentimento vai passando conforme você se prepara e arquiteta bem as informações que tem para transmitir durante a entrevista (muitas vezes, eu anoto alguns pontos-chave para não me esquecer).

Em suma, capacitar-se lhe trará somente benefícios; então, dedique-se e separe um tempo para isso: divida suas atividades de modo que você tenha, no mínimo, 30 minutos para esse propósito; habitue-se à leitura de livros, principalmente, pois, a meu ver, é o que ajudará você com muitas outras coisas, como o que já discorri anteriormente, sobre saber falar bem em público e construir relacionamentos duradouros.

Capítulo 3

METODOLOGIAS, TENDÊNCIAS E CONCEITOS

Talvez este seja um dos capítulos que considero mais interessantes, não só por ter um carinho especial por metodologias, mas porque você as vivenciará, cedo ou tarde, em seu estágio e em sua carreira.

Muito provavelmente sua empresa trabalha com dois tipos de metodologias de trabalho/entrega: a *cascata* (tradicional) e a ágil (caso ainda não, tenho certeza de que em um futuro muito próximo ela será implementada). Para contextualizar, essas metodologias servem no auxílio às equipes quanto a entregas. Imagine que a sua equipe seja como uma linha de produção em que cada pessoa executa uma tarefa definida e, ao final, ela resulta em uma entrega/um produto feito — concorda comigo que as pessoas precisam estar posicionadas e fazendo tarefas específicas que ajudem outras pessoas de modo que, ao final, tenham uma entrega? — As metodologias se encaixam exatamente aí, elas que ditam o que cada pessoa fará e a quem ela enviará suas tarefas tão logo as conclua. O que diferencia uma metodologia da outra é a sua eficácia perante o mundo em que vivemos hoje.

Neste capítulo, falarei bastante sobre a metodologia ágil, que é uma tendência — penso que você poderá tirar proveito dessas informações, a fim de preparar-se para trabalhar nesse modelo.

A metodologia ágil se resume na implantação de pequenos projetos de forma, obviamente, ágil, e que ao final resultam em uma grande implantação, com melhorias contínuas (Eventos *Kaizen* são um exemplo disso). As pessoas são moldadas a trabalharem nesse formato e quando elas possuem domínio sobre essa metodologia destacam-se no mercado, não apenas por colaborarem com grandes implantações de forma ágil, mas porque são muito requisitadas para implantar esse modelo em outras empresas. Além disso, tal metodologia se baseia em princípios como interações frequentes com os *stakeholders*, auto-organização de equipes, foco na entrega de valor ao cliente e respostas ágeis a mudanças nas necessidades ou requisitos.

Alguns métodos ágeis conhecidos são: *Scrum*, *Kanban* e *Extreme Programming* (XP). Para análise de desempenho, essas metodologias se utilizam de *Balanced ScoreCard*, que consiste em uma matriz que apresenta o sucesso (ou insucesso) de determinada implantação sob diversas perspectivas — desde a do cliente até a da empresa. Os KPIs (*Key Performance Indicators*) e os OKRs (*Objetive Key Results*) são utilizados não só na ágil, como um norteador para a equipe, mas também no modelo tradicional, com o intuito de mensuração também. Assim, caso sua equipe trabalhe no modelo tradicional (*cascata*) e não utilize KPIs e OKRs, deixo a dica para que apresente essa ideia — atente-se, apenas, em dar bons argumentos para tal implantação. Uma sugestão? Eles podem auxiliar na mensuração de resultados dos trabalhos realizados por sua equipe, auxiliando em pontos de melhoria e possíveis falhas que podem ser corrigidas nas próximas entregas. Caso lhe interesse, existem livros que falam muito sobre a ágil, e um deles que indico é *Metodologia Ágil – um caminho para inovação,* escrito por Roberto Mosquera, Claudia Pires, Marco Santos e Maria Augusta Orofino (2022).

Tendências e conceitos

No capítulo anterior, falamos sobre noção de mundo e visão globalizada para, exatamente agora, falarmos sobre tendências. É de extrema importância que você conduza seu estágio antenado a elas, não apenas em relação à sua área de atuação, mas também naquilo que chamamos de "mercado de trabalho" como um todo. O mundo é cada vez mais ágil e rápido em mudanças, o importante é que você as perceba e se adapte a elas o mais rápido possível. (Apenas uma observação quanto a este capítulo: sempre que eu utilizar a palavra "mercado", entenda como mercado de trabalho, ok? Um local subliminar em que as empresas atuam; um mecanismo que faz o capitalismo existir e ser mantido).

Existe um movimento consistente acontecendo no mercado, principalmente pós-pandemia: a *binaridade*. Explico-a na sequência:

Existem diversas teorias afirmando que não apenas o mercado, mas o mundo, está/estão caminhando cada vez mais para escolhas entre apenas duas opções. Estamos deixando de ter diversas opções quanto às nossas tomadas de decisões para, agora, escolhermos entre A e B.

Já parou para pesquisar quantas *startups* estão quebrando? Com isso, o ponto que levanto é: o mercado segue caminhando para ter empresas pequenas ou grandes, ou seja, você estará inserido em uma delas, uma vez que empresas médias deixarão de existir. Essa tendência pode ser utilizada a seu favor, desde empreender (caso você perceba que o "seu negócio" é de fato empreender, e não trabalhar "para os outros") até conseguir um emprego.

Sei que é cedo para você tomar grandes decisões em sua carreira, mas tentar começar seu estágio em empresas grandes lhe deixará à frente no mercado, visto que essas empresas possuem capital em larga escala para investir no que há de mais atual. Assim, muito provavelmente, você testemunhará mudanças no mercado e em metodologias de antemão — como numa pirâmide, a inovação começa primeiro no topo da pirâmide e então desce.

No entanto, não se preocupe se estiver começando seu estágio em uma empresa de pequeno ou médio porte; na verdade, você terá muitas oportunidades de inovar ali dentro, afinal, quem faz a diferença é você! Não se esqueça disso. Inovar em empresas pequenas pode ajudar a ter visibilidade. Além disso, caso queira ir para uma empresa de grande porte no futuro, ajudá-las a crescer e colocá-las no caminho para se tornarem grandes empresas lhe dará visibilidade.

Lembre-se da *binaridade*: caso trabalhe com produtos e serviços B2B ou B2C, *o seu cliente/usuário não conseguirá tomar decisões com muitas escolhas, e as marcas já estão percebendo isso. Esse "gap" é importante para lhe dar noção do que está por vir, e você já começar a se adaptar a esse cenário ou, ao menos, auxiliar sua equipe com essa visão.*

Agora, não podemos fugir do assunto do momento: a *WEB 3.0*. Estamos vivendo a consolidação da Inteligência Artificial, mas não se esqueça de que vivemos um pouco da evolução da *WEB 3.0* nos anos 2021, 2022 e 2023. Tivemos, em 2021, o *boom* da *cripto*, os investidores começaram a se atentar a isso por conta da valorização do preço das *criptos* (caso esse assunto o interesse, leia um livro chamado *Mercados Adaptáveis - Andrew W. Lo. 2018*). Em 2022, vivenciamos o "Metaverso", graças ao novo posicionamento da Meta (o antigo Facebook) que, por sua vez, também alavancou diversas outras ferramentas que iniciaram a viabilização dessa nova imersão virtual. Ao final do mesmo ano, aconteceu o lançamento do ChatGPT, que alavancou o setor de inteligência artificial e, com isso, trouxe essa curva ascendente de lançamento de outras inteligências artificiais, tornando esse o assunto do momento em 2023.

Bem, o que eu quero que perceba é que a evolução da internet está, muito possivelmente, acontecendo em ciclos; então, atente-se à movimentação destes três pilares do futuro da internet: IA, Metaverso e Criptomoedas. Você poderá colher bons *insights* sobre essa movimentação e ficar na vanguarda, além de conseguir utilizar esses *cases* para inovar dentro de sua área de atuação. A grande questão dessas tendências é que elas têm muito a nos ensinar — isso não quer dizer que você deva copiar o modelo de negócio delas e tentar aplicá-lo de algum modo à sua equipe, mas sim, que pode adaptá-los e somá-los a alguma outra ideia sua (o Pix é um exemplo disso, a seguridade desse novo método de pagamento é baseada nos *smart contracts*, uma inovação criada pelo fundador da Ethereum). A inovação, muitas vezes, é uma forma de adaptação. Atente-se a isso!

Continuando o papo sobre tendências, vamos nos aprofundar em **dados** agora. O mercado é movido a dados — essa tendência veio para ficar, e você não conseguirá fugir dela. A grande questão é adaptar-se e fazer bom proveito deles.

O conceito *Data Driven* é a próxima *soft skill* que precisará ter em seu currículo. Saber ser um profissional movido a dados para a tomada de decisões te fará alçar altos voos esteja onde estiver. *Conhecimentos de Excel, Python e Power BI são* imprescindíveis para esse futuro dos dados, e você, trabalhando ou não com isso, tais conhecimentos sempre serão um diferencial. Ainda, compreender conceitos como LGPD (Lei Geral de Proteção de Dados) e outros o colocará à frente de muitas pessoas — e nada tem a ver com competição, mas sim com se preparar e ter o mínimo de conhecimento sobre dados.

Para tanto, separei alguns conceitos importantes e suas respectivas definições:

1. **Conjunto de Dados (*Dataset*)**: um conjunto específico de dados relacionados, muitas vezes, organizados em tabelas, arquivos ou estruturas específicas para facilitar a análise.

2. **Dado Estruturado**: dados organizados em um formato específico, como tabelas de banco de dados, em que cada campo tem um tipo de dados definido.

3. **Dado Não Estruturado**: dados que não têm uma estrutura definida, como texto em linguagem natural, áudio ou vídeo.

4. **Dado Semiestruturado**: dados que não são totalmente estruturados, mas têm alguma forma de estrutura, como JSON ou XML.

5. ***Big Data***: refere-se a conjuntos de dados extremamente grandes e complexos, que exigem tecnologias especiais para armazenamento, processamento e análise.

6. **Mineração de Dados (*Data Mining*)**: o processo de descoberta de padrões, informações relevantes ou conhecimento útil a partir de grandes conjuntos de dados.

7. **Análise de Dados:** a prática de examinar, limpar, transformar e interpretar dados para descobrir *insights* e tomar decisões informadas.

8. **Visualização de Dados:** a representação gráfica de dados para tornar padrões e tendências mais compreensíveis por meio de gráficos, mapas etc.

9. **BI (*Business Intelligence*):** um conjunto de tecnologias e processos para coleta, análise e apresentação de informações para auxiliar na tomada de decisões de negócios.

10. **ETL (*Extract, Transform, Load*):** o processo de extrair dados de várias fontes, transformá-los em um formato adequado e carregá-los em um repositório de dados para análise.

11. ***Data Warehouse*:** um repositório centralizado de dados que é projetado para suportar consultas e análises de dados de diferentes fontes.

12. ***Machine Learning*:** um campo de estudo que utiliza algoritmos e modelos para ensinar computadores a aprenderem com os dados e fazerem previsões ou tomarem decisões.

13. **Aprendizado Supervisionado:** um tipo de aprendizado de máquina em que o algoritmo é treinado usando um conjunto de dados rotulado no qual os resultados desejados são conhecidos.

14. **Aprendizado Não Supervisionado:** um tipo de aprendizado de máquina em que o algoritmo é treinado em dados não rotulados para identificar padrões e estruturas por conta própria.

15. **Aprendizado por Reforço (*Reinforcement Learning*):** um tipo de aprendizado de máquina em que um agente aprende a tomar ações em um ambiente para maximizar uma recompensa.

16. **IoT (Internet das Coisas):** a interconexão de dispositivos físicos, veículos, edifícios e outros objetos por meio de sensores, *software* e redes para coletar e trocar dados.

17. **Privacidade de Dados**: a proteção dos dados pessoais e sensíveis dos indivíduos contra acesso não autorizado ou uso indevido.

18. **Anonimização de Dados**: o processo de remover informações identificáveis de um conjunto de dados, a fim de proteger a privacidade dos indivíduos representados nos dados.

Esses são alguns dos conceitos fundamentais relacionados a dados. Lembre-se de que a área de dados é vasta e segue em constante evolução, com novos conceitos e tecnologias surgindo regularmente. Busque informar-se. Sempre.

Utilizo agora do **Paradoxo de Ellsberg** para explicar uma tendência que percebo em muitos estagiários e que pode ser uma visão importante para você tomar decisões e levar em consideração. Em poucas palavras, o paradoxo de Ellsberg define uma situação em que as pessoas tendem a evitar a incerteza, ainda que ela seja potencialmente mais favorável do que uma alternativa certa. Na sua jornada de estágio, você se deparará com escolhas de riscos e incertezas e basta que escolha uma delas. A maioria dos estagiários opta pelos riscos, pois eles são mensuráveis, haja vista que você consegue pensar a respeito; já as incertezas você não mensura, afinal, o nome é autoexplicativo: são incertezas. Eu chamo sua atenção para isso, pois, muitas vezes, grande parte das boas oportunidades está nas incertezas — aonde muitos estagiários não querem ir, e isso pode servir de uma boa oportunidade para sua carreira.

Não optar pelo óbvio pode te levar a colher bons frutos ao longo de sua carreira. Com isso, não estou lhe dizendo para fazer escolhas incertas, mas para, diferentemente de muitos estagiários, não as descartar logo de cara. Em muitos casos de efetivação, você poderá ter o direito da escolha entre ser efetivado no lugar em que está ou buscar outra oportunidade (a maioria escolhe pelo "conforto" de continuar na equipe em que começou, não por gostar dali, mas porque é cômodo. Entretanto, o comodismo pode ser prejudicial).

Essas são tendências que considero genéricas, pois tenho certo receio de me aprofundar em muitas mais e você não as utilizar, já que existem diversas áreas nas quais estagiar. Além disso, não tenho domínio sobre muitas delas.

Geração Z, Alfa, ZEO e *Joytopia*

Não sei se já notou que a Geração Z, mais do que a forma de consumo, está mudando o mercado de trabalho. Essa forte concepção do que essa geração fará com o futuro é uma pauta discutida por muitas empresas. Quando falamos sobre hábitos de consumo, as gerações Z e Alfa tendem, muito mais, a preferir experiências a posses — um bom exemplo aqui é a ascensão dos planos por assinatura. Hoje em dia, é bastante normal assinarmos mais de um serviço de *streaming*, o que não estamos percebendo (talvez vocês estejam) é que esses planos estão se estendendo a outros bens de consumo, como carros, celulares, apartamentos compartilhados, entre outras coisas.

A empresa em que você estagiará (ou está estagiando) poderá utilizar dos seus *insights* sobre essas gerações, então, aconselho que esteja antenado a isso também. Essas gerações são muito boas com tecnologia, são ágeis e experienciais. São as gerações que não comprarão um apartamento, a fim de poderem viver outras experiências, como viajar mais vezes, viver em lugar diferentes sem ter posses (apartamento, casa, carro etc.), e serão mais livres para viver experiências ao redor do mundo.

Quanto às instituições financeiras, os bancos estão atentos a esse movimento, e podemos percebê-lo por meio dos bancos digitais. Muitos jovens têm contas em mais de um banco ou têm apenas uma conta em um banco digital, optando por não pagar taxas e não ter, exatamente, um vínculo com o banco, que se transformou em um lugar para guardar o dinheiro e usá-lo quando preciso — nem mesmo dinheiro essa geração costuma carregar. Desse modo, é importante termos tal entendimento sobre consumo, principalmente quando falamos sobre descentralização.

Joytopia é um termo que conheci ouvindo um *podcast* sobre mídia e marketing. Achei esse conceito superinteressante e sempre falo sobre ele quando dou palestras relacionadas a educação. Trata-

-se de uma tendência que mostra que essas gerações aprenderão muito mais baseando-se em hábitos que lhe tragam alguma forma de alegria. Integrantes dessas gerações, que hoje estão no ensino fundamental, médio ou superior, aprenderão muito melhor caso se divirtam enquanto aprendem, comprarão de forma muito mais "fácil" se tiverem uma jornada de compra divertida, serão muito mais fiéis a uma marca se ela for irreverente e "falar a sua língua". Assim, *Joytopia* é um conceito que prevalecerá nas próximas décadas. Daí as empresas precisarem se preparar e se movimentar para atender a essa demanda.

Muitas empresas já notaram tal tendência. Desse modo, estão pensando bastante no futuro dessas gerações, e em suas jornadas — principalmente nos *apps*, pois é "onde" a maioria dessas gerações estará. Dificilmente veremos jovens utilizando soluções ultrapassadas e, para mim, isso é um ponto muito interessante, pois ao mesmo tempo que o autoatendimento, por exemplo, é uma tendência (perceba que o atendimento presencial em grandes lojas já está sendo, gradualmente, substituído pelo autoatendimento), para os bancos, o autoatendimento/caixa eletrônico está "sumindo" a cada dia.

Uma última recomendação sobre tendências é que pesquise também sobre *Smart Business* e *C2B*. Trata-se de novas tendências de consumo e produção e é possível gerar bons repertórios a partir disso. Contudo, confesso que ainda não tenho muita propriedade para falar sobre; então, prefiro que você pesquise a respeito e entenda sozinho. Essas pesquisas podem ser interessantes para te ajudar a tirar as próprias conclusões.

PARTE 2

As pessoas não compram o que você faz.
Elas compram porque você o faz.

(Simon Sinek)

Capítulo 4

INOVAR OU ESTAGNAR: CRIATIVIDADE NO UNIVERSO DO ESTÁGIO

A criatividade está muito relacionada à junção de repertórios, como comentei no capítulo anterior. Para tanto, você já sabe que é necessário ter uma visão globalizada e agregar bastante repertório de inúmeras formas, diversificando, assim, suas formas de adquirir conhecimento.

Eu sempre me considerei uma pessoa criativa, não por inventar coisas, mas porque, muitas vezes, pensava na continuidade delas, em formas de reunir várias coisas que eu gostava em uma só. Dessa forma, criava brincadeiras para brincar sozinho e me divertir como se estivesse acompanhado — pois eu sou filho único, então tive que aprender a me virar (*risos*).

A inovação é necessária tanto para um trabalho mais monótono quanto para um mais dinâmico. As empresas sobrevivem graças a ela. É necessário inovar sempre. Não sei se você já passou ou se passará por essa situação, mas sempre que acontece uma mudança na liderança ou em alguma peça-chave de uma equipe, muitas vezes, a forma como as atividades são executadas também muda — tudo isso se dá por conta da inovação, da necessidade em fazer diferente —, isso que faz com que equipes e empresas cresçam.

Talvez você notará que a mudança em cargos de liderança seja muito comum. Isso ocorre porque um líder, além de inspirar pessoas, é também responsável pelos resultados. Ou este líder é muito bom para ser promovido e virar um verdadeiro executivo (se já não for), ou ele acaba saindo por diversos motivos — e, adivinhe: a maioria das lideranças que não entregam resultados são aquelas que não inovaram ou não conseguiram ser suficientes em suas inovações.

Para ser grande, pense como os grandes (frase bem "*coach*", mas igualmente verdadeira). Entenda aquilo que acontece de forma *macro* e aplique no *micro*. Normalmente, costuma dar certo! Digo isso em relação a observar o que seu líder faz e tentar entender ou conversar com ele para ver o que ele já fez ou trouxe de inovador quando assumiu aquela posição. Você perceberá que muitas coisas estão relacionadas a experiências que deram certo ou aprendizados de vida. Tudo isso é repertório, mas não significa, necessariamente, que funcionará para você também, pois para inovar são necessários os momentos, as atenções e as possibilidades certas. Posto assim, sei que inovar pode até parecer impossível, mas não é. Então, tente sempre. Esse é o segredo.

Pense no país em que vivemos, perceba que passamos por várias crises. Elas não passam da quebra de algum padrão a partir de uma necessidade de mudança urgente. Isso está relacionado à inovação também. Se subirmos um pouco no mapa (partindo do Brasil) e formos até os Estados Unidos, a famosa Crise de 29 exigiu a inovação dos modelos econômicos tanto na forma de pensar quanto na de executar diversas tarefas. Com isso, uma crise dessas proporções não aconteceu novamente.

A inovação então "rodeia" todo o mercado de trabalho, porém de forma transparente. Existem departamentos e áreas voltadas a isso. O marketing, muitas vezes, é uma dessas áreas, pois a inovação, nesse sentido, gera vendas. Dentro das grandes empresas brasileiras, existem áreas, que só pensam no futuro da organização, em inovação em larga escala e em como utilizar dela para gerar novas formas de monetização, afinal, gostemos ou não, é o que move as empresas. Ela precisa ser sua maior aliada.

Muitos estagiários não pensam em inovar, mas apenas em seguir aquilo que é exigido e em executar suas tarefas cotidianas. Por isso "bato tanto na tecla" da necessidade de os estagiários inovarem — mesmo que em tarefas pequenas.

A apresentação da sua ideia requer cuidado e atenção, pois, por incrível que pareça, está relacionada à sua venda. Saber vender suas ideias é uma forma de viabilizá-las. Quando Steve Jobs anunciou o iPhone, ele sabia do risco que corria de as pessoas, provavelmente, não se adaptarem ao produto por ele ser tecnológico e inovador demais para a época (isso acontece bastante quando se inova de forma muito rápida e a sociedade não está preparada; o que não quer dizer que aquela ideia não seja boa), mas ele vendeu muito bem a ideia e o conceito que estavam em suas mãos, fazendo com que o iPhone se tornasse um produto visto como valioso — no entanto, não está relacionado ao preço, mas sim à percepção de valor naquela ideia que ele vendeu. Para que a sua ideia seja percebida como valiosa, você pode utilizar de diversas técnicas. A seguir, mencionarei algumas que mais me ajudaram.

A primeira é o *Storytelling*. Existem várias formas de contar uma boa história, mas eu sempre a arquiteto com base na **jornada do herói de Joseph Campbell**, ou seja, primeiro falo sobre uma "dor" que tive; em seguida, no que pensei para sanar essa dor, as referências que utilizei, as conclusões que tirei e o que pensei ser legal apresentar e que realmente ajudaria. Pensando em tons de narrativa, ficaria mais ou menos assim (este exemplo é sobre o *dashboard* que apresentei):

Eu estava muito descontente com o controle que alimentava e não me conformava com isso. Ele nunca era utilizado. Então, pensei se poderia fazer algo semelhante aos "dashboards" que as equipes de vendas normalmente utilizam. Foi aí que me aproveitei dos modelos tradicionais para criar um "dashboard" exclusivo para nossa equipe, a fim de mostrar todas as informações do controle de forma didática, atribuindo-lhes a devida importância, além de estruturá-lo de forma a ser muito útil e eficiente para gerar insights para a equipe, em geral.

A segunda técnica é o *Golden Circle*, de Simon Sinek. Em poucas palavras, o círculo dourado é uma forma de contar o porquê de aquela ideia ser necessária e viável. A grande questão do círculo dourado é falar primeiro por qual motivo você está pensando naquela ideia, como você irá viabilizá-la ou utilizá-la e do que ela realmente se trata. Veja este exemplo:

Precisamos muito de um aparelho que nos ajude a fazer ligações, afinal, hoje em dia, o mundo é totalmente conectado, e a ligação é uma forma de nos sentirmos próximos de quem amamos. Uma das formas de viabilizá-la é por meio de um aparelho celular, algo similar aos rádios que utilizávamos nas guerras, porém com uma roupagem muito mais moderna e bonita. Assim, apresentamos a vocês o nosso smartphone. Ele faz ligações, chamadas de vídeo etc.

Por mais que esse seja um exemplo bobo, é uma forma de perceber que o círculo dourado cria expectativa e alimenta a imaginação. Utilizar disso para expor suas ideias pode fazer com que seus líderes e a sua equipe vejam real valor naquilo que você está apresentando e, ao final da apresentação, não falem apenas um *"Nossa. Que legal!"*, mas sim *"Muito legal! Vamos tentar viabilizar essa ideia, sim! Ela pode realmente nos ajudar"*.

O que eu quero que você perceba é que ser criativo requer, também, saber vender uma ideia. Trata-se de um combinado de aspectos: desde a criação da sua ideia, sua viabilidade, até a forma como é apresentada.

Uma boa maneira de testar suas ideias e encontrar falhas se dá a partir da narrativa escrita. Sei que, para muitos, escrever é algo chato, mas é necessário a fim de que falhas sejam identificadas. Grandes gestores, antes de suas apresentações, utilizam da escrita como forma de, literalmente, registrar o que falarão e descrever todos as questões que pontuarão no decorrer da apresentação. Ao lerem o que escreveram, eles podem identificar falhas e idealizar bons argumentos.

Normalmente, essas falhas são pontos que outras pessoas levantam e, estar atento e ter bons argumentos para "se defender", pode ser uma boa na hora de realmente pensar na viabilização de sua ideia.

Um movimento muito forte que percebo (e que mencionei no capítulo 2) é que bons profissionais inovadores, atualmente, são aqueles profissionais que chamamos de "Profissionais T": especialistas em determinado assunto, que serve de base às suas profissões, mas com vasto conhecimento em diversos outros assuntos. Profissionais como esses sempre serão vistos como valiosos e dificilmente ficarão estagnados em um cargo.

Esse é um cuidado, aliás, que você, como estagiário, precisa ter: jamais estagnar em um cargo, pois mais importante do que a sua efetivação é a sua promoção, e parte da sua promoção não está apenas relacionada a quão maduro e preparado está para a realização das tarefas que lhe foram atribuídas, mas sim à sua capacidade em olhar para elas e inová-las de forma a ajudar a equipe e a organização como um todo. Esse, inclusive, é um ponto em que muitos profissionais não "se ligam", mas que faz toda a diferença quando um líder analisa você. Sua visão global e empreendedora, bem como a forma como você inova fazem a diferença e o colocam na dianteira quando o assunto é uma promoção.

Eu sei. Posto assim, parece que o mercado não passa de uma enorme competição. Todavia, não quero que pense que ele é *só* isso: o mercado de trabalho está muito mais relacionado a como você se desenvolverá, embora a competição vá, de fato, acontecer. Eu costumo dizer que o mercado é como uma partida de futebol: você tem seu time, seu técnico e tem um objetivo. A diferença é que nessa partida você *precisa* fazer gols e ninguém fará isso por você. Então, é necessário que pense em estratégias, por exemplo: como driblar os adversários (que vão desde obstáculos burocráticos até pessoas mal-intencionadas) e alcançar o gol — enquanto a inovação é uma dessas formas de estratégia. Não há nada de mais poderoso que o nosso poder de raciocínio, o nosso intelecto e a forma como aplicamos os "poderes".

Conversando recentemente com um grande amigo que, inclusive, é meu ex-líder, falamos sobre pessoas que passam quinze ou vinte anos em um cargo, e perguntei a ele o que elas poderiam ter feito de diferente para saírem dessa situação. Bem, a resposta você já deve imaginar: INOVAR! Sei que insisti muito nesse ponto, mas é real. Saiba utilizar sua criatividade para levá-lo longe e para alcançar grandes objetivos.

A seguir, trago referências que utilizo em muitos casos, quando falo sobre criatividade. Na minha opinião, essas pessoas mudaram a sua forma de pensar e saíram "fora da curva" em seus setores de atuação. Tente, por conta própria, entender o que elas fizeram e decifrar a linha de raciocínio. Obviamente, aqui são envolvidas outras questões macroeconômicas, como o ambiente em que elas inovaram e, à época, a necessidades que existiam e as oportunidades que lhe foram dadas. Aqui estão alguns exemplos:

Nikola Tesla — inovação: foi um inventor e engenheiro elétrico notável. Suas inovações incluem o desenvolvimento do sistema de corrente alternada (CA) de transmissão de eletricidade, que é amplamente utilizado na distribuição de energia elétrica em todo o mundo. Suas contribuições também incluem trabalhos em campos como comunicação sem fio e energia sem fio.

Malala Yousafzai — inovação: ela sobreviveu a um ataque do Talibã por defender a educação das meninas. Seu ativismo levou à criação da Fundação Malala, que promove a educação de meninas em todo o mundo.

Tim Berners-Lee — inovação: é o inventor da *World Wide Web* (www). Ele desenvolveu o primeiro navegador e o primeiro servidor *web*, criando a estrutura para a internet como a conhecemos hoje. Sua inovação revolucionou a maneira como as informações são compartilhadas e acessadas globalmente.

Marie Curie — inovação: foi uma cientista pioneira na área da radioatividade e ganhou dois Prêmios Nobel, em diferentes categorias: um em Física, outro em Química. Suas descobertas sobre elementos radioativos e sua pesquisa sobre radiação abriram caminho para avanços significativos na medicina e no diagnóstico por imagem.

Elon Musk — inovação: é conhecido por sua inovação em várias áreas, incluindo transporte espacial e veículos elétricos. Ele fundou a SpaceX, empresa que revolucionou a indústria aeroespacial, tornando viagens espaciais mais acessíveis. Além disso, como CEO da Tesla, Musk liderou a empresa na produção de carros elétricos populares e de alta qualidade.

Steve Jobs — inovação: foi o cofundador da Apple e desempenhou um papel fundamental na inovação de produtos como iPhone, iPad e MacBook. Ele focou em design inovador, experiência do usuário e integração de *hardware* e *software*, redefinindo a indústria de eletrônicos de consumo.

Existem diversos outros exemplos. Os indianos são particularmente bons em inovação; atualmente, o mercado tem olhos diferenciados para eles, uma vez que sabem ser inovadores de forma constante. O que faz com que sejam tão diferenciados é a disciplina que têm para aprender constantemente sobre vários assuntos, além, é claro, da habilidade em relacionar assuntos e aplicá-los em locais que necessitam de inovações.

Capítulo 5

ALÉM DA SUPERFÍCIE: REVELANDO O PROPÓSITO DO ESTÁGIO

Sempre que surgia a oportunidade de conversar com os líderes do departamento em que trabalho, eu falava muito sobre propósito. Para mim, o estágio tem um propósito muito maior do que "aprender a trabalhar" (e, sim, eu sei que falei bastante sobre tópicos parecidos nos capítulos anteriores). O que quero ressaltar aqui é o propósito do estágio e o quanto ele é grande e importante.

Mais do que um aprendizado sobre gestão, carreira e atividades, o estágio é o seu palco para o crescimento. É quando levará os primeiros empurrões e, saber para onde "voar" é crucial. Muito provavelmente, há pessoas próximas de você que não gostam do que fazem e que reclamam de seus trabalhos sempre que são questionadas. Esse é um aspecto importante do propósito. Não estou afirmando que essas pessoas estejam erradas, às vezes, suas vidas caminharam para isso, mas de certo modo tem a ver com decisões.

Há muitos estagiários que não têm outra opção a não ser arrumar rapidamente um emprego para ganhar dinheiro e ajudar dentro de casa (se esse for seu caso, saiba que nada está perdido!). Não fazer o que se gosta *agora* não significa que não o fará pelo resto da vida, afinal, todo mundo precisa começar de algum lugar. O importante é saber a direção a seguir e aonde você quer chegar. Suponha que sua carreira seja um avião — às vezes você estará sentado à janela vendo alguém (o piloto) tomar a direção da sua carreira por você; noutras ocasiões, você estará sentado no assento do piloto, tomando suas próprias decisões.

É essencial que você decida rapidamente qual direção tomar e elabore seu plano de carreira para não acabar fazendo algo de que não gosta. As oportunidades dependem de você também, então, esteja aberto a elas. Nunca espere ninguém pegar na sua mão e te conduzir. O lugar em que trabalha (ou trabalhará) funciona como um bairro: cada um tem a sua casa (equipe), mas todos frequentam os mesmos locais. Desse modo, aproveite as ligações que outras equipes têm com a sua e faça contatos. Não há nada de errado nisso — pelo contrário, é relevante ter um bom relacionamento com equipes ligadas à sua, você verá que faz a diferença na hora de resolver algum problema. Além disso, é legal que outras pessoas conheçam seu potencial. Fazer um plano de carreira ao iniciar o estágio auxilia a ter conhecimento de com quais pessoas pode contar para ajudar na conquista dos seus objetivos.

No início do meu estágio, uma mulher muito experiente saiu da minha equipe. A verdade é que eu mal tive contato com ela, ainda assim, me prontifiquei a ajudá-la e desejei sorte e sucesso, dizendo: *"Se um dia precisar de mim, saiba que pode contar comigo"*. Aconteceu que o tempo passou e, no ano seguinte, ela foi à minha mesa me pedir ajuda com uma tarefa da equipe dela. Curiosamente, eu sempre admirei muito a área em que ela atuava, então aproveitei para entender o que ela estava fazendo, mostrando-me interessado. Contudo, eu não sabia que essa mulher viria a ser quem mais me ajudou na efetivação, me apresentando aos líderes mais importantes da sua área.

Fato é: cada caso é único, o que significa que você não viverá exatamente o que eu vivi. Tente, no entanto, sempre estar disponível aos membros de outras equipes; seja comunicativo e saiba utilizar da abertura que você tem com eles para chegar aonde você deseja (seja para sustentar sua permanência e efetivação na equipe, ou para o auxiliarem a entrar em outra equipe).

O propósito reside em tudo isso que comentei. Trata-se do motivo pelo qual você faz o que faz. Dessa forma, quando alguém diz não gostar do que faz, significa que ela não está cumprindo com seu propósito pessoal. Seja esperto e não tenha preguiça de refletir acerca do seu propósito! Fazê-lo pode levar vários meses (ou mesmo anos), mas pode, também, acontecer rapidamente. Tudo depende de como você enxerga sua vida.

Eu sempre fui de me preocupar muito com o futuro e sempre imaginava o que estaria fazendo. Foi aí que comecei a ter visão e descobrir meu propósito. Meu propósito é criar e auxiliar na criação de soluções inovadoras para a sociedade (desde a escrita deste livro até as atividades que me proponho a fazer no trabalho. Mesmo que algumas delas sejam trabalhosas e eu não as curta tanto, sempre tento enxergá-las como parte do meu propósito, afinal, nem tudo na vida será do nosso agrado, há coisas que temos de encarar e fazer bem).

Minha dica é que escreva seu propósito e comece com um verbo de **execução**. Os verbos de execução são aqueles que descrevem a realização de uma ação específica ou a conclusão de uma tarefa. Aqui estão alguns exemplos:

1. **Realizar.**
2. **Executar.**
3. **Completar.**
4. **Concluir.**
5. **Finalizar.**
6. **Cumprir.**
7. **Resolver.**
8. **Produzir.**
9. **Implementar.**
10. **Desenvolver.**

Esses verbos descrevem o ato de concluir uma tarefa, projeto ou atividade específica. Eles indicam que algo foi realizado ou alcançado com sucesso, e é para isso que você deve trabalhar. Primeiro pense quais desses verbos você quer empregar (e não há problema nenhum se seu propósito for relacionado a algo familiar ou pessoal, o importante é que tenha um norte para a sua carreira, algo que faça você acordar todos os dias e ir em busca de alcançá-lo).

Uma vez descoberto esse propósito, tente pensar no que fará para alcançá-lo. E é aí que entramos no assunto de PDI.

PDI significa **Plano de Desenvolvimento Individual**. O seu propósito deve estar conectado a esse plano no qual pode incluir seus objetivos em curto, médio e longo prazos. Eu crio o meu PDI como uma planilha no Excel. Nela, insiro minhas tarefas desse tipo.

Você define o tempo que considera ser de curto (seis meses a um ano, por exemplo) médio (de um a três anos) e longo prazos (três a quinze anos). Há quem prefira estruturar o PDI em linhas, e não em colunas como uma planilha de Excel. Abuse de sua criatividade para pensar no seu. Ele servirá para visualizar suas metas e alcançá-las ordenadamente. Além disso, se houver abertura para tanto, é interessante apresentá-lo ao seu líder a fim de entender como poderá alcançar as metas com o auxílio dele (contudo, preocupe-se em fazê-lo quando estiver seguro de tudo que incluiu nele, mesmo que adiante, mais maduro, você o altere). Particularmente, a maioria dos líderes que tive foram abertos e se interessaram por PDIs, não apenas por serem uma forma de conhecer melhor o colaborador, mas também por quererem me ajudar a alcançar meus objetivos.

Dedique-se a buscar seu propósito desde já e, caso você já tenha um, aprimore-o, tente deixá-lo o mais claro possível. É natural que alguns propósitos levem você a deixar o estágio e partir em busca de outras empresas. Muitos estagiários também se descobrem empreendedores e abrem suas próprias empresas. Por muitos anos, tive como propósito dedicar-me 100% à música e viver dela, fazendo apresentações e lançamentos de músicas autorais. Entretanto, ao completar 19 anos, minha mentalidade mudou completamente, uma vez que descobri que o que me encantava mesmo era o poder de criação, a vontade de criar e disseminar minhas ideias em prol de algo maior. Foi quando comecei a me entender melhor e entender aonde eu realmente queria chegar.

Leve também em consideração um propósito que não te exalte, mas que vibre aquilo que você realmente acredita.

Não raro, certas situações pelas quais passamos nos "vendam" os olhos, de modo que pensamos ter certeza de que queremos aquilo para nossas vidas mas, em determinado momento, com sorte, percebemos que na realidade aquele era o sonho de um familiar próximo que, de algum modo, implantou essa ideia em nossas cabeças com a promessa de que seguir determinado caminho nos tornaria bem-sucedidos e nos faria ganhar muito dinheiro. Bem, se o seu propósito estiver claro — e se você estiver suficientemente determinado a buscá-lo — o dinheiro será uma consequência.

Por muitos anos ouvi que o curso que eu fazia era um "curso de férias", por ser relativamente "mais tranquilo" se comparado a cursos como Economia e Contabilidade, por exemplo. Mas as mesmas pessoas que me diziam isso são as que hoje pedem que eu as ensine sobre marketing, planejamento e outras questões que aprendi nos cursos que fiz e nos livros que li.

Sendo assim, não se deixe levar pelo que os outros desejam para a sua vida. Conheça-se o suficiente para saber qual é seu caminho (e já digo de antemão que, muitas vezes, ele não será igual ao do seu amigo ou parente, então não se compare e não meça sua vida com a régua dos outros). Cada um terá suas oportunidades e portas abertas; a grande questão é saber o que você fará com elas.

Muitas vezes, eu me peguei pensando sobre o porquê de a profissão do meu amigo parecer ser mais bem-sucedida do que a minha, mas não demorava até eu entender que, na verdade, aquela não era uma questão de profissão, mas sim de oportunidades e escolhas. Assim, eu lhe pergunto: será que você está **realmente** fazendo as escolhas e correndo os riscos certos? Pense nisso.

Fazer boas escolhas é ter sempre em mente o seu propósito. Cargos Executivos exigirão de você um elevado poder de tomada de decisões e riscos, além de muita responsabilidade. Então, se você almeja altos objetivos, seja dentro ou fora da empresa em que trabalha hoje, comece desde já a treinar essas competências a partir do seu propósito. Tenha-o "na ponta da língua", para que saiba falar sobre o que quer e não quer para sua vida.

Em muitas empresas, se você seguir simplesmente aceitando todas as "oportunidades" que lhe oferecem, correrá um grande risco de, muitas vezes, ser manipulado e alocado em determinado lugar apenas por estarem precisando de você ali, e não necessariamente porque isso o levará adiante.

Atente-se e mantenha sempre um olhar, de certa forma, malicioso (e aqui, quero dizer, "não ingênuo") a esse respeito, afinal, ninguém estará tão preocupado com o seu propósito quanto você mesmo. Ninguém quer tanto vê-lo crescer quanto você mesmo. Há coisas na vida que só você poderá fazer por si mesmo. Assim, retomando o exemplo do avião (sobre você ser piloto e/ou passageiro), sente-se o mais rápido possível no assento do piloto e comande sua aeronave! Alce bons voos, e saiba que você poderá contar comigo para tanto (lembre-se de que meu contato está nas primeiras páginas deste livro). Aliás, acho importante ressaltar que cobrarei nada por isso, visto que minha intenção é ajudar você com aquilo que estiver ao meu alcance.

Você notará que um estágio com propósito é muito diferente daquele sem nenhum. Isso não por você executar as atividades com um olhar diferente, mas sim porque saberá, rapidamente, o caminho a seguir para se tornar um profissional de alto desempenho.

Aliás, seu propósito também está relacionado ao alto desempenho. Digo isso, porque desempenhar de forma consistente e possuir alta capacidade de realização de tarefas — com maestria e pensando sempre em inovação — o fará ser visto com bons olhos (e aqui, não poderia concordar mais com uma afirmação que meu pai fez assim que comecei meu estágio: "Você sempre estará sendo observado". Isso é fato, o importante é como você será observado e o que fará a partir disso).

Lembre-se de que tudo começa no estágio, use esse cargo maravilhoso para aprender e se tornar um grande profissional; mostre, a partir de seus atos e atividades, que você é muito mais do que um estagiário, que é um estagiário com propósito e objetivos claros, e que não está na equipe simplesmente para executar tarefas e auxiliar, mas que também tem conteúdo com o qual contribuir e tem seus motivos para fazer parte da equipe e da empresa.

O meu superintendente costuma dizer algo muito interessante: "O negócio é Você S.A". Ou seja, você é sua própria empresa (outra frase num estilo *"coach"*, porém muito verdadeira); você é maior do que o lugar em que trabalha, e não apenas um funcionário da empresa. **Você é a empresa** e foi contratado, pois precisam dela para executar as tarefas que lhe foram atribuídas.

Portanto, vibre. Viva. Dedique-se ao seu propósito.

PARTE 3

A mudança para melhor só tem início quando se enxerga, com clareza, a próxima etapa.

(Norbert Wiener)

Capítulo 6

PONTOS DE ATENÇÃO: CUIDANDO DA SUA IMAGEM

Todos nós passamos uma primeira impressão para quem não conhecemos ou ainda estamos conhecendo. No trabalho, sua imagem importa muito, desde a maneira como você se veste até o jeito como você fala ou se comporta.

Nos meus primeiros dias de estágio, confesso que pedi ajuda à minha ex-líder sobre como me vestir, pois não sabia como minha área se comportava. Ter definida a imagem que você quer passar vai falar muito sobre quem você é (e não estou lhe dizendo para vestir um terno ou um vestido social e ir para o trabalho, mas sim pedindo que se atente a, por meio das suas vestimentas, demonstrar quem você é ou almeja ser).

No meu departamento, as pessoas têm o costume de se vestirem de forma mais confortável — até pelo fato de passarem muito tempo no mesmo lugar e não "poderem" deixá-lo tão cedo, afinal são muitas tarefas diárias a serem entregues —, mas um ponto que prestei atenção foi que, muitas delas, se vestem de maneira semelhante, se não igual. Isso é um problema.

Eu sempre trabalhei minha imagem para transmitir a ideia de uma pessoa séria e focada no que faz, mas, ao mesmo tempo, descontraída, legal e interessante, já que sempre tive como objetivo fazer o máximo possível de contatos (pelos inúmeros motivos que foram elencados nos capítulos anteriores).

Eu vou ao trabalho vestindo uma camiseta preta ou branca, calças de alfaiataria, tênis comuns e, às vezes, um paletó, mas nada muito formal. Essas são roupas permitidas pelo meu departamento. Aliás, você descobrirá que determinados lugares definem uma certa "etiqueta" quanto ao vestiário, um *dresscode*. Fique de olho nisso.

Meu linguajar é muito tranquilo, sempre evitei proferir palavrões, mas tentava também soar como alguém engraçado; minhas sacadas em determinadas situações surpreendiam as pessoas que, automaticamente, já riam bastante de algumas coisas que eu falava. Isso, de certa forma, fazia com que eu me aproximasse cada vez mais da equipe e criasse um ambiente legal, em que eu me sentia à vontade para executar minhas tarefas e ficar em paz caso algo desse errado — sim, você perceberá que é natural que cometamos alguns erros — nesses casos, aprenda a se perdoar e, a não ser que você já esteja com muitas tarefas avançadas e seu trabalho exija muito, procure não levar preocupações para casa. Por outro lado, se há algo com o qual eu sempre me importei e tomei muito cuidado é não me envolver em fofocas.

Quanto a isso, você verá que no mundo corporativo as fofocas sempre rolam "nos bastidores" e que, em muitos casos, elas envolvem pessoas em cargos superiores ou problemas que a equipe ou a empresa sempre tentaram esconder por vários motivos, sejam eles culturais ou sociais.

Para além, fato é: cedo ou tarde a fofoca chegará até você, então preste muita atenção à forma como se comportará e o que dirá a respeito. Não dar muitas opiniões não o deixará menos próximo de alguém; por outro lado, não dizer nada pode colocar você em uma posição complicada, então busque sempre o meio-termo.

Eu achei esse tópico importante, visto que as fofocas sempre chegam aos ouvidos das pessoas erradas e os culpados são relevados, mas a grande questão é que até aí há uma hierarquia, de modo que, inevitavelmente, o cargo mais baixo será o primeiro afetado e, nesse caso, poderá ser você. Assim, evite o risco de passar a ser visto com maus olhos por motivos fúteis.

Concluo essa questão admitindo que diversas fofocas já passaram por mim — fossem elas leves ou pesadas — e o mais comum era eu fazer um comentário neutro e imparcial, cuidando para que ele não corroborasse a opinião de quem estava me contando, tampouco tomasse partido do alvo da fofoca. Isso foi de grande valia em me ajudar a não me manter ativo no círculo da fofoca. Eu sempre fui trabalhar consciente daquela segunda camada da minha vida, estava deixando de lado o Victor meramente "social", que tem vários amigos, que gosta de sair aos sábados, que tem problemas pessoais, para assumir o Victor "profissional", que estava ali para trabalhar visando a um propósito maior, que estava construindo uma carreira a partir da profissão que escolheu para si.

Não estou afirmando que você precisa fazer o mesmo, mas quero, com isso, mostrar a importância de zelar pela sua imagem como se fosse uma empresa. Nem tudo convém à empresa, por exemplo, postar ou falar sobre. Ela tem um manual de conduta, tem diretrizes a seguir quanto à sua comunicação. Pensar como empresa ajudará você a se tornar uma, afinal, somos "Você S.A", lembra-se?

Outro ponto legal de se trabalhar em relação à imagem é a sua aparência em si. Essa ideia vai muito além, por exemplo, de tatuagens ou piercings, uma vez que somos livres para sermos do jeito que quisermos. Refiro-me a cuidados de beleza (sua pele, seus cabelos, seu odor...). E, por falar em odor, já deve ter acontecido de haver alguém com mau cheiro ao seu lado, não? Suponho que sua primeira vontade tenha sido a de se afastar. Acertei? Bem, as pessoas farão a mesma coisa em relação a você caso não esteja cheirando bem. Para evitar esse tipo de constrangimento, preocupe-se, portanto, em sempre ter um bom desodorante em sua mochila. Para além, aconselho-o a carregar um *kit* de higiene bucal contendo fio dental, escova e pasta de dente, para utilizar após uma refeição.

Já passou em frente a alguma loja e sentiu um cheiro bom? Tão bom que lhe deu vontade de, pelo menos, espiar dentro da loja? Quando me atentei a isso, fui comprar um perfume que transmitisse o "meu" cheiro, mas não uma fragrância que eu fosse usar todos os dias, e sim para trabalhar presencialmente. Pode parecer besteira, mas isso também diz muito sobre sua imagem, uma vez que informa às pessoas, somente pelo cheiro do ambiente, a sua chegada. Contudo, cuidado! Preocupe-se em selecionar uma fragrância suave, equilibrada. Ainda, outras impressões, como fotos em redes sociais e as mensagens que você envia a partir delas, depõem muito sobre quem você é sem a sua *skin* trabalhadora". De todo modo, tome cuidado ao ter colegas de trabalho em suas redes, pois isso pode gerar fofocas e passar uma ideia falsa a seu respeito — e até você conseguir se explicar, pode ser tarde demais para desconstruir a imagem errônea que outra pessoa criou de você.

Associando-a à disrupção, sua imagem ajudará você a conquistar credibilidade e confiança em relação ao seu discurso (eu digo por experiência própria, pois eu procuro, constantemente, aperfeiçoar a minha imagem. Isso, a ponto de fazer coisas positivas com ela inconscientemente).

Explico-me: uma das coisas que me ajudaram, por exemplo, foi sempre ter sobre a minha mesa um livro sobre algum assunto importante discutido no departamento, ou de algum autor relevante. Isso não significa que eu leia livros para me exibir, mas sim que realmente busco estar antenado aos movimentos e ao meu crescimento, e que lanço mão disso de uma forma positiva à minha imagem, transparecendo que eu estou estudando e me aprimorando continuamente, pois leio um livro mensalmente.

Retomando um dos pontos centrais — a efetivação —, na hora de explicar uma visão que eu tive sobre a área em que hoje sou efetivado, defendi muito diversas inovações que queria trazer e tudo que eu estava fazendo para viabilizá-las. Com isso, meu líder passou a me enxergar com outros olhos, notando, a partir da minha postura, que eu estava seguro quanto àquilo que dizia; o que fez com que ele topasse o desafio de implementar as inovações que eu propus, e assim fomos em frente com elas.

Evidentemente, não por acaso, essas inovações me delegaram grandes responsabilidades e são hoje minha "galinha dos ovos de ouro" em relação ao meu crescimento profissional. Inclusive, um "tabu" comum — e, portanto, um tópico sobre o qual, possivelmente, ninguém falará muito — é que não basta você estudar ou saber muito acerca de algo, você *precisa mostrar* que sabe e estuda sobre aquilo, afinal, infelizmente ninguém tem uma bola de cristal que lhe permita adivinhá-lo. Então *não espere* ser notado, *vá atrás* de ser notado (e não veja problema nenhum nisso. Não à toa, há aquele ditado: "quem não é visto, não é lembrado", concorda?).

Atualmente, vejo que muitos estagiários têm bloqueios em relação ao mercado de trabalho. Seja por não entenderem muito bem seu movimento ou por acharem besteira se fazer notar. A verdade é que muitos são os estagiários que querem apenas fazer o seu trabalho e tomar uma cerveja depois do expediente na sexta-feira…

Nesse ponto em particular, concordo com Marty Cagan (*Empoderado*, 2022), quando ele nos provoca ao nos questionar se somos *Missionários* ou *Mercenários*. Você não vê a hora de a sexta-feira chegar? Ou você acorda motivado na segunda-feira? Não se trata de uma besteira, mas demonstra muito sobre quem você é, e sua imagem depõe tanto quanto sobre isso.

Neste livro, eu me preocupo em soar "menos *coach*" possível, mas há certos pontos nessa vertente com os quais eu concordo muito, pois penso que farão, realmente, com que você cresça dentro da sua empresa. Sendo assim, leve-os a sério caso já tenha grandes objetivos em relação ao seu trabalho ou os esteja traçando. Imagem é algo a se zelar e em que trabalhar continuamente.

Quer queira, quer não, imprevistos acontecerão — e aqui levanto uma questão um tanto quanto peculiar: sua crise de imagem. Infelizmente, estamos fadados a correr certos riscos na empresa e, muitas vezes, tais riscos envolvem sua imagem. Então, saber dar a volta por cima e sair dessa situação será de grande valia.

Suponha que sua equipe tenha organizado um grupo para fazer um abaixo-assinado destinado ao RH sobre não voltar ao trabalho presencial. Você foi "obrigado" a assiná-lo, a fim de não comprometer o seu relacionamento com os colegas de equipe. Suponhamos, ainda, que seu líder tenha visto o abaixo-assinado e que foi necessário tomar um posicionamento rígido com a sua equipe. O que você deverá fazer? Dedurá-la? Proteger-se? Dizer que o assinou por engano?

Saber trabalhar uma possível crise de imagem é importante. Por isso, sempre tome decisões pensando em si mesmo, mas não de modo a prejudicar alguém de sua equipe (o que não significa que você deva "passar um pano" para ela). Trata-se de dizer a verdade, explicar o porquê de você ter tomado determinada atitude. Além disso, fale apenas sobre *você*, não se responsabilize pelos demais.

Quer um exemplo? Você já viu alguma marca defendendo sua concorrente por conta de ela ter feito algo de errado? Em proporções menores, claro, mas você também deverá pensar dessa forma. Nesses casos de imprevistos, proteja-se e sempre assuma seus erros, essa sempre será a melhor saída, por mais que você sofra sanções drásticas. Por isso, é importante pensar pelo menos duas vezes antes de entrar em algo ou assumir qualquer risco com sua equipe ou colegas. Trabalhe sua imagem. Tenho certeza de que você não se arrependerá.

Capítulo 7

AUTOVALORIZAÇÃO ESTRATÉGICA: DE ESTAGIÁRIO A ATIVO DE IMPACTO

Tornar-se um ativo de impacto, ou seja, uma pessoa que possui presença e notoriedade no trabalho, não é uma tarefa fácil, assim como fazer a diferença em uma empresa equipe e/ou empresa, tampouco. Os estagiários que mais se desenvolvem estão no caminho para tanto, mas saiba que essa é uma tarefa que exige que você se reinvente e se aprimore constantemente.

Recentemente, eu estava em um curso ministrado por Philip Kotler, e ele disse algo que faz total sentido: "Em cinco anos, se você estiver no mesmo negócio em que você está hoje, você estará se preparando para sair dele". Talvez essa afirmação agora não faça tanto sentido para você, mas é algo que vejo realmente acontecer. Atualmente, você pode ser um mero estagiário, mas sei que você almeja algo muito maior, visto que, ser estagiário é algo temporário. Você verá que muitos ao seu redor não inovam e não causarão real impacto caso deixem suas equipes. E são essas as pessoas que você deve observar de modo a fazer diferente delas! Não que elas não sejam legais. Menos ainda, isso quer dizer que você não deva ser próximo e ter vínculos de amizade. Essa é uma questão única e exclusivamente profissional.

A pergunta de ouro é: **como saber se eu sou um ativo de impacto?** E eis que a resposta para essa pergunta é outra pergunta: **o que você faz que ninguém mais faz?**

Fazer algo com maestria e excelência lhe oportunizará um diferencial, afinal, caso o substituam, não alcançarão a mesma excelência em determinada tarefa. Todavia, aí reside um ponto que requer especial atenção (e isso foi algo que aprendi com um executivo): se ninguém for capaz de substitui-lo quando você sair, você não sairá. Por isso, tenha um time competente ou ao menos ensine muito bem outra pessoa. Talvez, você não execute uma atividade realmente importante agora, assim como, provavelmente, não tenha um propósito robusto, mas isso é algo que construirá ao longo de sua jornada na empresa.

Desde quando comecei meu estágio, todos os dias eu vou trabalhar motivado a fazer a diferença. Penso nisso desde o momento em que acordo até a hora de ir embora para a minha casa. Um dia desses, bati um papo com um gerente sobre a real diferença que podemos fazer em uma organização, e chegamos à conclusão de que a diferença mais significativa é transformar pessoas.

É possível que você não tenha hoje alguém a quem transformar ou fazer a diferença (essa é uma situação mais usual em cargos de liderança), mas saiba ouvir as pessoas e ajudá-las. Conheça as histórias de vida dos membros de sua equipe, saiba quais são seus objetivos e como você pode ajudá-los a alcançá-los. Isso é, de fato, fazer a diferença. Pessoas transformadoras são aquelas que fazem a diferença na vida de outras e que lhes deixam uma marca, da mesma forma que são marcadas por elas.

Para transformar e fazer a diferença, você não precisa ser um líder ou um executivo. Precisa, apenas, deixar que sua melhor versão fale mais alto. *"Não é sobre quem a gente é, mas sim sobre o que a gente vibra por dentro"*. Isso, sim, transforma.

O papo de ativo de impacto, então, é muito mais do que executar tarefas que façam a diferença; tem a ver com fazer a diferença na vida das pessoas com as quais você trabalha. Para tanto, aconselho que leia um livro muito interessante, escrito pela Carol Dweck, chamado *Mindset* (2006). Esse livro vai te ensinar sobre como nosso cérebro funciona e como nossa mente comanda, de certa forma, nossos resultados. Para saber em que fase uma pessoa está, entenda se o *mindset* dela é de crescimento ou fixo (isso está no livro de Dweck). A partir daí, você entenderá como ajudá-la.

Autovalorizar-se deve fazer parte da sua estratégia para a efetivação. Você precisa ter em mente quais são seus pontos fortes e os de melhoria, como irá demonstrá-los e como trabalhará com eles de forma que lhe proporcionem o máximo de benefícios possível. A pior coisa que você pode fazer durante o seu estágio é esconder seus pontos fracos, mas você precisa se atentar quanto a quem irá mostrá-los. Se seu líder está perguntando sobre você, é legal que fale também sobre eles, visto que ele — o seu líder — tem a tarefa de te auxiliar quanto a isso. Contudo, caso esteja expondo seus pontos fracos a todos, tenha cuidado, pois você não conhece a maldade das pessoas nem como elas podem utilizar de informações suas para "puxar o seu tapete".

Atualmente, os modelos de remuneração para funcionários em algumas das grandes empresas de tecnologia estão mudando. Isso acontece porque os CEOs perceberam que os funcionários precisam se sentir como os proprietários da empresa. Desse modo, eles receberão de acordo com os resultados, tal qual um CEO.

Pensar na sua autovalorização é seguir, mais ou menos, essa mesma linha das grandes empresas de tecnologia. É saber que você é bom o bastante para mudar sua empresa, sua realidade e todos ao seu redor. Ademais, isso nada tem a ver com ser esnobe, mas sim saber, simplesmente, que você tem valor dentro daquela empresa e faz a diferença. Dessa forma, perceberá o quanto isso lhe dará um novo "gás" para correr atrás de se tornar um ativo de impacto. Ter o senso de propriedade da sua empresa o impactará — o que não quer dizer que você não deva pensar como uma empresa "Você S.A", e sim que você faz parte do lugar em que trabalha e deve ajudá-lo a crescer.

Quando sua efetivação chegar, lembre-se, também, de trabalhar todas essas questões que o fizeram ser efetivado (mas, é claro, em uma proporção maior). Um cargo de analista — ou qualquer que seja o seu próximo cargo — requer que você se autovalorize ainda mais e de forma mais estratégica.

Inicialmente, eu acho interessante que vá pensando em um plano de desenvolvimento de carreira caso queira manter-se na empresa ou no departamento em que já atua. Mas se achar que ainda é cedo para isso, foque exclusivamente no seu estágio e no que está fazendo agora. Preocupar-se muito com o futuro pode lhe roubar o foco, e nenhum de nós quer isso, não é mesmo?

No meu estágio, eu recebia *feedbacks* trimestrais. Por meio deles, conseguia saber qual era o caminho que eu estava seguindo conforme a visão de terceiros, bem como o que eles achavam disso. Normalmente, eu pedia *feedback* às pessoas que ocupavam cargos diretamente superiores ao meu, como a analista assistente que me demandava tarefas. Pude ver os elogios dela quanto ao meu trabalho aumentarem quando comecei a realmente trabalhar com excelência e sinergia com o trabalho dela. Isso fez com que ela me delegasse mais tarefas e, consequentemente, mais responsabilidades, o que contribuiu muito com o meu crescimento e progresso.

Evidentemente, não posso afirmar que o mesmo acontecerá com você durante o seu estágio, mas, às vezes, quando um membro de sua equipe sai de férias, é interessante que você o auxilie com as tarefas que ficarão para a equipe, para perceber quais delas você executa com maior excelência e, assim, ser capaz de ir "pegando o jeito" daquelas pertinentes a/;. cargos mais elevados. A outra "dica de ouro" aqui é: aproxime-se mais das tarefas que você executou e das quais gostou — pois percebeu desenvolver-se melhor — e vá, então, buscando saber mais sobre essas atividades. Para tanto, faça uso dos questionamentos e do perfil questionador do qual já falei em outro capítulo.

Ao receber um *empurrão* (positivamente) dentro do departamento, foi quando fui firmando mais contatos e vi que pessoas importantes me conheceram realmente — desde as minhas fraquezas até as minhas melhores competências. Aconteceu quando fui destinado a escolher em qual área eu gostaria de ser efetivado (e foi aí que me lembrei de uma matriz legal que você pode usar).

Os RHs de muitas empresas estão utilizando uma matriz chamada *mindmatch (sugiro pesquisar)*. Trata-se de um auxílio visual para saber se você se enquadra, ou não, à vaga, mas você pode já apresentá-la ao seu líder e procurar entender, com a ajuda dele, como pode ir se aprimorar nessas tarefas. Isso é, também, autovalorização! Agora, caso seu líder não se aproxime muito de você por quaisquer que sejam os motivos, aconselho-o a mostrá-la a algum analista com um cargo mais próximo do seu líder (ou que responda a ele diretamente). O legal mesmo é que você consiga visualizar as suas piores e melhores competências e vá se moldando a fim de otimizá-las.

Eu sempre acreditei que dentro do ambiente de trabalho nós precisamos "rodar" em ciclos de valor. Esses ciclos, se alinhados ao propósito da equipe ou da empresa, ajudam você a se destacar e a causar real impacto. Eles funcionam como engrenagens — e eu os crio constantemente; especialmente agora que estou auxiliando na montagem de uma nova equipe. Vou tentar explicar o que são e como os desenhá-los: primeiramente, insira em um *slide* do PowerPoint a imagem de uma engrenagem. Pense que ela tem quatro grandes pontos para rodar. Em seguida, nomeie-os com as competências macro que você identifica na equipe (por exemplo, processos, projetos, produtos etc.). Feito isso, selecione os outros pontos de acordo com aqueles que você acredita que fazem (ou farão) a engrenagem girar com excelência. Vejamos um exemplo a seguir.

Imagine que uma equipe trabalha com projetos, e para que esses projetos girem, é necessário ter, bem alinhados, os processos que foram definidos. É aí, então, que eu descubro as outras pontas da engrenagem e vou especificando cada uma delas, a saber, por exemplo:

- projetos: desenvolvimento de projetos, matriz de viabilidade e dados;
- processos: metodologia ágil, prioridades e implantações;

- *mindset*: livros, matrizes e visão globalizada; e
- experiência: Clientecentrismo, *Data Driven* e Experiência do Cliente.

Na sequência, vou em busca de todas essas competências, uma a uma. Sigo me capacitando de modo a me tornar um ativo de alto impacto, bem como me desenvolvendo nas atividades (além de ir pontuando inconsistências na metodologia com a qual a equipe trabalha e "calibrando" meu olhar para outras tendências). Normalmente, levo todos esses pontos para a minha equipe e tento encontrar meios de melhoria, valorizando-me e, ao mesmo tempo, auxiliando todo o pessoal.

Evidentemente, você não precisa seguir à risca tudo o que eu faço, afinal, cada estágio é singular, mas eu penso ser válido compartilhar essas experiências. Dessa forma, você cria repertório e vai descobrindo novas formas de se autovalorizar. Aproveite esses pontos e trabalhe a favor de sua efetivação.

Muitas pessoas precisam se transformar para alcançar a autovalorização. Se você acha que essas questões ainda estão distantes de você — ou ainda não se imagina fazendo isso —, não se preocupe! A ideia deste capítulo é lhe mostrar e discorrer sobre um ponto acerca da autovalorização, pois sempre achei que muitos estagiários não se valorizavam tanto quanto deveriam e, com isso, acabavam não sendo contratados efetivamente.

Admito: para que tudo isso funcione é necessário ter certa disciplina. Em contrapartida, sei que a fase de estágio é, justamente, aquela em que mais nos importamos com festas, amigos e coisas do tipo. Saiba curtir a vida e, com equilíbrio, desenvolver o seu trabalho de forma a aprimorá-lo. Sempre acreditei que uma boa e estratégica autovalorização, alinhada a um propósito, nos levam à efetivação e nos transforma. Por outro lado, também compreendo que, às vezes, não nos achamos suficientemente bons em nada ou não enxergamos nossas qualidades. Por essa razão, inclusive, criei o meu *mindmatch*. Essa foi, na verdade, uma forma que encontrei de melhorar a minha autoestima e poder enxergar como eu me desenvolvi bem em habilidades que jamais antes eu pensei que tivesse.

No trabalho, não temos nosso(a) melhor amigo(a) ou namorado(a) conosco, reforçando o quanto ele(a) sabe que nós somos bons. Assim, precisamos fazer isso por nós mesmos.

Eu sempre tive muito baixa autoestima, mas quando finalmente consegui reconhecer os meus pontos fortes e de melhoria, bem como todas as minhas qualidades profissionais, confesso que ela — a autoestima — aumentou consideravelmente, e passei a me sentir confiante dentro do ambiente de trabalho. Essa confiança me abriu muitas portas e me possibilitou alcançar maturidade para interagir com pessoas em cargos superiores, aumentando minhas chances de chegar aonde quero de fato.

Bem, por fim, espero que você tenha gostado deste capítulo... Honestamente, eu nunca havia me aberto a falar sobre isso com ninguém, menos ainda, escrever.

Até o Capítulo 8! :)

PARTE 4

Criatividade é a arte de conectar ideias.

(Steve Jobs)

Capítulo 8

DA IDEIA À AÇÃO: TRANSFORMANDO VISÕES EM RESULTADOS

Será inevitável: ideias passarão a todo momento pela sua cabeça. Especialmente quando você colocar em prática tudo o que viu nos últimos capítulos. As ideias são uma forma de nos expressar no trabalho, isto é, demonstrar o que realmente estamos pensando. Desse modo, podemos nos alinhar aos objetivos e visões de nossa equipe. Quando as suas ideias "casam" com as estratégias de sua equipe e/ou empresa, é um grande sinal de que está seguindo pelo caminho certo.

Atualmente, eu estou auxiliando um grande amigo a montar uma equipe de vendas com 15 pessoas. Em primeiro momento, a principal dificuldade foi, justamente, sintonizar as linhas de raciocínio a fim de que pudéssemos propor as ideias certas para as estratégias certas.

Entender o contexto estratégico em que sua equipe ou empresa está inserida é essencial para que você desponte com suas ideias e traga visões verdadeiramente agregadoras.

Eu sempre cobrei dos meus líderes algo que chamo de "Gestão de Aquário". Trata-se de uma ferramenta que nos possibilita compreender as decisões unilaterais tomadas por líderes e buscar formas de contribuir. Mostrar-se disposto a ajudar nada tem a ver com soberba ou arrogância. Trata-se de demonstrar interesse genuíno no caminho pelo qual eles — os líderes — estão direcionando sua equipe.

Minhas melhores ideias sempre nasceram de *gaps* que eu captava nas falas de tais líderes. Além de muitas outras ideias minhas se transformarem, efetivamente, em ações, mas prefiro ser cauteloso em não as expor, uma vez que envolvem questões confidenciais.

Ainda, quando falamos sobre a viabilidade de ideias, referimo-nos a como podemos realmente concretizá-las de maneira bem-feita.

Pense comigo: você tem um lápis que está quase acabando, uma borracha que não apaga direito e uma única folha de papel sulfite. O contexto estratégico é o seguinte: seu líder precisa criar algo semelhante a um carro. A proposta, portanto, é desenhá-lo. Assim, pergunto a você: como irá desenhá-lo? Suas ferramentas não são das melhores, no entanto, a margem de erro, evidentemente, deve ser mínima... E então? Como fazê-lo, afinal?

Você se deparará frequentemente com situações como esta: há o seu desejo de inovar, de viabilizar suas ideias, mas lhe faltam as ferramentas necessárias ou realmente adequadas para tanto. Não raro, eu me deparo com a dura realidade de muitos estagiários não conseguirem ferramentas de mercado para materializar ideias, pois não são homologadas dentro da empresa. De qualquer forma, precisamos transformar essa carência em motivação para viabilizarmos o que pretendemos.

Por vezes, os contextos tecnológico e cultural não serão muito favoráveis, mas procure ter jogo de cintura para driblar todas as dificuldades e apresentar ao menos um MVP (Mínimo Produto Viável) da sua ideia.

Quando o assunto são ideias, eu sempre gosto de pensar nos quatro pilares que Marty Cagan (*Empoderado*, 2022) nos apresenta: 1) viabilidade para o negócio; 2) viabilidade técnica; 3) valor para o negócio; e 4) usabilidade.

Para que você consiga "respirar" ideias, viva-as, materialize-as! Você perceberá que terá um *case* enorme dentro de um curto período de tempo (a duração do seu estágio). Ele será composto por tudo aquilo que você criou. Lembre-se do que eu disse logo no início deste livro: quanto mais você se dedicar e "correr" agora, mais será capaz de demonstrar seu potencial e, consequentemente, grandes oportunidades e conquistas alcançarão você.

Você precisa ter uma visão muito bem-definida e sólida em argumentos. Como consegui-la? Por meio de dados. Se você escolheu seu curso de graduação com a intenção de fugir dos números e matemática, sinto lhe dizer, mas você não teve visão. Hoje em dia, precisamos utilizar números para quase tudo, inclusive — e especialmente —, para provar, matematicamente, sua capacidade em mensurar ideias.

Quando cursei Negócios pela *Harvard University*, aprendi um pilar muito interessante sobre viabilidade. O legal da universidade é que os cursos são lecionados com ferramentas ou matrizes que os próprios alunos um dia criaram. O legado da instituição e o modo como suas ideias são disseminadas pelas empresas são algo impressionante. Lembro que quando aprendi sobre mensuração de desempenho, notei ferramentas criadas por eles sendo utilizadas em minha empresa. Achei o máximo! Harvard é realmente uma inspiração quanto a uma cultura inovadora e muito visionária. A seguir, trago alguns conhecimentos valiosos que adquiri.

Fluxo para apresentação e estudo de viabilidade:

1. Identifique o problema.
2. Elabore uma definição da oportunidade.
3. Identifique os objetivos do negócio (é sobre estar alinhado com o negócio e reconhecer o contexto estratégico, lembra-se?).
4. Priorize e limite os objetivos.
5. Atribua indicadores (KPIs).

Antigamente, eu acreditava que esses fluxos não me ajudariam em nada, mas quando você utiliza desses simples direcionamentos para resolver algo, percebe que eles não são tão simples de estruturar e têm grande relevância.

Eu quero chamar a atenção aqui para o item número 4, sobre *priorizar* e *limitar* os objetivos. Quando falamos em priorizar, significa, literalmente, saber definir prioridades, pois de nada adianta você ter várias ideias e querer "sair atirando para todos os lados". É preciso fazê-lo e, para além, saber por onde começar e onde direcionar mais energia.

Facilmente, há quem confunda prioridades com importâncias. Contudo, esses são conceitos totalmente diferentes! Tome cuidado, portanto, para não os confundir.

Em segundo lugar, limitar seus objetivos é um ponto tão importante quanto. Haverá momentos em que você "viajará" muito em uma ideia, mas não terá os argumentos necessários para defendê-la, tampouco viabilizá-la. Pense sempre em tudo o que quer fazer, priorize uma grande ideia. A fim de entendê-la bem, reúna-se e discuta-a com as suas lideranças e, uma vez tendo feito isso, busque meios de viabilizá-la. Ou seja, transformar a sua ideia em ação e a sua visão em resultado.

Quando iniciei o estágio, eu tinha uma visão totalmente diferente a respeito do que as pessoas faziam, como uma empresa crescia e afins. No entanto, começar a transformar visões em resultados me ajudou muito. Já adianto que essa não é uma tarefa fácil, por isso, não se frustre caso, no início, suas ideias não sejam aceitas ou não sejam viáveis.

Deixo aqui alguns *touchpoints* que me permitiram chegar a uma ideia robusta e pronta para ser implantada:

1. Ideia ou inspiração.

2. Análise do real valor dessa ideia: ela é realmente valiosa? Com base em que eu posso fazer tal afirmação?

3. Análise da aderência do mercado: será que o setor, a equipe e a empresa estão preparados para essa ideia? Converse com pessoas próximas a você no trabalho e colete opiniões. Além disso, faça pesquisas em *sites* de notícias e tenha uma noção, ainda que superficial, de sua aderência (eu sei, parece bobo. Mas funciona!).

4. Análise da viabilidade: quais ferramentas, processos ou pessoas podem me ajudar a tornar viável a ideia? Esses artefatos

estão disponíveis para uso na equipe ou empresa em que eu trabalho?

5. Aplicação de testes: **testar** é a ação-chave para ver se certificar de que chegou a algo próximo da ideia, e se ela realmente deu certo e está funcionando.

6. Divulgação.

Capítulo 9

A IMPORTÂNCIA OCULTA: DESVENDANDO OS BENEFÍCIOS DO ESTÁGIO

Este é um dos assuntos de que eu mais gosto: os benefícios de estagiar.

Espero que até agora você tenha entendido minha visão sobre disrupção, e espero, também, ter abordado bem todos os tópicos pontuados até aqui.

Quando falo sobre os benefícios do estágio, refiro-me, especialmente, à importância de ser treinado/preparado para futuros desafios. Eu considero que meu estágio foi muito atípico, pois vários fatores me favoreceram muito, entre eles, a liderança. Estagiar não é uma tarefa tão simples quanto parece, é como participar de uma caça ao tesouro, em que você é guiado por pistas e desafios para encontrar o valioso conhecimento e experiência profissional escondidos no ambiente de trabalho.

Perdoe-me a redundância, mas... Comecemos pelo começo, ou seja, pelo primeiro benefício (a meu ver): a proatividade. Acredito que independentemente de onde você esteja, você precisa ter iniciativa. Já executou a sua tarefa? Descubra se há algo mais que possa fazer.

Sim, eu sei que à grande maioria é muito mais cômodo e confortável não ter muitas tarefas a serem feitas, que o tempo passa mais rápido e tanto mais... Mas é necessário mudar e fazer, realmente, acontecer.

Em muitas faculdades, por exemplo, os trabalhos são mal distribuídos entre os grupos e, não raro, você acaba fazendo coisas de mais ou o exato contrário disso: faz muito pouco. Com isso, chegamos ao mercado de trabalho mal-acostumados, principalmente ao percebermos que não faremos apenas aquilo de que gostamos e precisaremos aguentar algumas coisas de boca fechada.

Ser proativo e posicionar-se para pedir ajuda, dar opiniões e demonstrar interesse por outras atividades pode fazer com que você vá se descobrindo no estágio. Durante o meu, fiz trabalhos dito "chatos" várias vezes, mas eu senti que me posicionar e ir me atrelando a tarefas que eu julgava serem mais legais foi um passo importante rumo ao meu crescimento.

Particularmente, não existe nada mais importante do que a experiência. Vejo-a como "TOP 1" no quesito crescimento. Ao longo desse tempo, sempre me perguntei o que faria com que eu fosse requisitado e bem visto por outras empresas ou departamentos, e a resposta a que eu cheguei, invariavelmente, foi: EXPERIÊNCIA.

Quando falamos de trabalho, ter experiências bem-vividas e fazer parte de grandes transformações fará com que você seja muito notado e requisitado. Em suma, não lhe faltará trabalho.

Já pensou quantas propostas o time que desenvolveu o iPhone recebeu ao longo da carreira? Por isso, busque lugares que pesarão — positivamente, é claro — no seu currículo. Ter experiência ajudará você a estruturar projetos em times ou empresas futuras com o *know-how* que você construiu nos lugares em que já trabalhou.

É como se você se tornasse uma espécie de vidente, sabe? Afinal, você será capaz de ter muito mais visão e compartilhar muito mais repertório do que os demais, por exemplo. E isso pode, sem dúvida, auxiliar no crescimento e progressão de carreira. Além disso, trará aquele peso positivo do qual eu falei no parágrafo anterior.

A experiência, você adquire com o tempo. Não se preocupe. Eu mesmo já fui uma pessoa muito afobada quanto a desenvolver todas as competências necessárias para me tornar um executivo ou líder — não é à toa que abri também minha empresa antes do estágio, pois senti que precisava ter essa visão de "empresário" para entender, de forma mais concisa, o que executivos pensam e quais são as suas visões —, mas compreendi, com o tempo, que isso não é algo que se constrói do dia para a noite. O processo é longo, embora seja possível encurtá-lo fazendo um bom trabalho.

O estágio auxiliará você com a sua comunicação. Portanto, não fuja das responsabilidades relacionadas. Acredite: não é bom para o seu futuro. A comunicação está diretamente relacionada à sua vontade de fazer contatos reais e apresentações sempre que necessário.

Eram frequentes os pedidos à minha antiga líder para que eu pudesse apresentar tendências relevantes à equipe. Essa prática me fez perder o medo de falar em público e fazer bons contatos.

Em contrapartida, muitos amigos meus na faixa dos 20/25 anos ainda têm medo de fazer apresentações públicas, conversar e conhecer gente nova. No ambiente de trabalho, penso que esse tipo de "bloqueio" pese negativamente. Uma coisa é você não querer conhecer gente nova em uma festa ou em um encontro de família, por exemplo; profissionalmente, é diferente. Lembra-se de que eu, em um capítulo anterior, comentei sobre a importância de ser capaz de fazer essa separação entre as vidas pessoal e profissional?

A comunicação é uma das armas mais poderosas (sucede a experiência) para você alcançar seus objetivos. Caso ainda não saiba comunicar-se muito bem, não se preocupe. Todavia, sugiro uma prática contínua. Conversando com pessoas no mercado há mais tempo que eu, percebi que a forma como trabalhamos hoje mudou muito — e mudará cada vez mais daqui para frente, — e uma dessas mudanças se deu na comunicação. É fundamental saber comunicar suas entregas às pessoas certas, comunicar aonde você almeja chegar, o que você mais gosta de fazer. O estágio é um treino fantástico para tanto. Um verdadeiro campo de treinamento.

Duas outras habilidades fundamentais que aprendi com o meu estágio foram: Organização e Planejamento. Eu era aquele tipo de pessoa que deixava o quarto desorganizado, a cama revirada, e sempre pensava que agir dessa forma não mudaria absolutamente nada, mas percebi o quanto isso impactou. Relaxe! Não estou querendo ser o "Sr. Certinho", tampouco fazer com que você o seja, ok? Eu acho que não ser organizado acarreta muitos mais benefícios à criatividade do que ser muito "certinho". No entanto, quando nos referimos às tarefas que lhe são atribuídas, organizar-se é uma preocupação que fará a diferença até mesmo na hora da execução.

No auge do meu estágio, eu recebia tarefas que me demandavam tempo, e quando estava na metade delas, recebia outras três mais e, quando eu ia executá-las, precisava entrar em reunião. Aliás, um fator que não joga a favor dos estagiários é a carga horária (seis horas), exceto os casos de hora extra.

Quando entendi que me organizar e planejar para iniciar tarefas de grande impacto e cumprir prazos apertados seria melhor, o jogo mudou. O que me faz lembrar de uma história muito legal sobre um ex-general chamado Dwight Eisenhower. Eisenhower ficara conhecido por sua alta capacidade produtiva. A razão era que ele sabia organizar e diferenciar o que era *urgente* do que era *importante* e, a partir daí, desenvolveu uma matriz da qual você próprio pode lançar mão para se organizar.

Em termos gerais, a matriz de Eisenhower é basicamente a seguinte:

- Se algo é importante, mas não é urgente: agende-o.
- Se algo é importante e urgente: faça-o agora.
- Se algo é urgente, mas não é importante: delegue-o. (Em certos casos, não há como delegar).
- Se algo não é urgente nem importante: delete-o. (Evidentemente, você não poderá deletá-lo de fato, mas sim considerá-lo menos prioritário).

Hoje, aplico tal matriz a grandes tarefas, e ela funciona muito bem na minha atual posição. Com ela, mudei radicalmente minha forma de organização — para mim, uma das mais simples e fáceis de executar.

Além de organização, aprendi muito sobre resolução de problemas. Resolver problemas é essencial e, esteja certo: você terá, em algum momento do estágio, um "B.O. para chamar de seu" :) (*risos*). Saber resolvê-lo da melhor forma possível é algo que você aprenderá e levará como lição para o resto da vida. Existem cursos relacionados, como *Yellow Belt, Green Belt*...

Outra coisa que aprendi durante meu estágio foi o "Duplo Diamante". Trata-se de uma ferramenta para ajudar você a fragmentar o problema em categorias e, dessa forma, resolvê-lo "do jeito certo". O Duplo Diamante contempla as seguintes etapas:

1. descobrir;
2. definir;
3. desenvolver;
4. entregar.

Provavelmente, seus problemas no estágio não serão tão grandes a ponto de você precisar desenvolver alguma solução complexa, mas saber fragmentar o problema e encaixar os fragmentos nessas categorias fará com que você pense melhor e mais estrategicamente. Use isso a seu favor quando tiver algum problema. Assim, acredito que você terá um norte a seguir e não o resolverá da forma tida como tradicional.

Não pense que seu estágio será sempre um "conto de fadas". Eu acredito muito que o estágio sofre muito mais influência de fatores externos do que internos e que as consequências serão suas. Então, esteja preparado para enfrentar todo tipo de ambiente, do melhor ao pior. E a minha dica aqui é: não crie muitas expectativas, apenas se prepare para fazer o que precisa ser feito.

Ao longo do tempo, aprendi também sobre facilitação. É isso mesmo, você estará na sua equipe para ser um facilitador. Entretanto, não um facilitador no sentido de associar as pessoas certas aos problemas

ESTÁGIO DISRUPTIVO: O CAMINHO PARA SE TORNAR EX-TAGIÁRIO

certos, mas sim de auxiliar sua equipe na execução de tarefas. Aquelas tarefas mais rotineiras e que exigem execução, provavelmente, ficarão a seu cargo.

Com isso, algo mais que aprendi foi que quanto mais você exonerar a sua equipe de tarefas de simples execução para que ela possa focar nas mais complexas, melhor. Nem sempre seus colegas de equipe saberão qual tarefa, exatamente, lhe designar, mas aí é que você entra para, com seu olhar treinado, reconhecê-la e selecioná-la. Esse foi um aprendizado alcançado gradualmente, com o tempo, mas acredito que você se sairá muito bem caso entre em sua equipe já com essa mentalidade.

Algo que penei para aprender, mas que, quando o fiz, me levou a patamares mais altos, foi sobre tomada de riscos. Eu já a citei em capítulos anteriores, mas não é exatamente da tomada de riscos referente a inovação que estou falando. Refiro-me àquele momento quando sua líder chega e diz: "*Isso aqui que você fez está certo?*". Admito: quando acontecia, eu sempre gaguejava e ficava inseguro, por mais que eu tivesse a certeza de que estava certo. Por isso, sempre revise e releia tudo o que você faz/fez. Antes de pedir alguma informação a alguém, confira se ela já não está em algum *e-mail*, em alguma conversa anterior ou até mesmo com você.

Uma competência que está muito atrelada à tomada de risco é o Empreendedorismo — ou perfil empreendedor. Essa competência é muito requisitada em muitas profissões, pois trabalhos que necessitam do intelectual, exigem que profissionais pensem como verdadeiros empreendedores. Há, na tabela de competências, um *ranking* com métrica de 1 a 5 — sendo 1 o nível inicial, enquanto o 5 é uma referência. Em um dos bate-papos com meu novo líder, ele me disse que eu certamente estava enquadrado no 5 (e isso não é sobre cargos, mas sobre habilidades). Nesse dia, voltei para casa me perguntando por qual razão ele me considerava uma referência em empreendedorismo. Se cheguei a uma conclusão? Sim. Dei-me conta de que tinha a ver com o nível de visão que eu tinha ou, ao menos, demonstrava ter, e logo me lembrei de disrupção (o vocábulo mais recorrente neste livro).

Tratar sobre assuntos que vão além do estágio o torna maior; falar sobre empreendedorismo significa identificar problemas e formas de resolvê-los; ter visão sobre isso tudo é como enxergar para além do nevoeiro. Dispor-se a correr riscos e tentar implantar uma ideia empreendedora é o início para um grande salto em sua carreira. Clichê, eu sei, mas o mundo sempre precisará — cada vez mais — de pessoas que pensem "fora da caixa".

Concluir seu estágio com maturidade, entregas relevantes, bons relacionamentos e repertórios e uma sede incessante por conhecimento, sem qualquer sombra de dúvida, levará você a lugares aos quais nunca sequer pensou chegar um dia!

Por isso, considero o estágio uma das experiências mais ricas que você terá em sua carreira. As experiências, o *networking*, os aprendizados e as ideias que você conseguiu materializar merecem ser aproveitados ao máximo, pois você, enquanto estagiário, ocupa uma posição privilegiada que lhe possibilita enxergar tudo ao redor com uma visão de alguém "de fora", visto que embora faça parte da equipe, ainda não faz definitivamente (por ser um estagiário). Essa perspectiva holística e externa é muito importante, porque quando você for dono do seu próprio negócio ou um líder, verá o quanto ela lhe será útil.

Eu adorei o meu estágio e o faria de novo quantas vezes fossem necessárias. Aproveite ao máximo o seu. E reforço: conte comigo (você sabe como me contatar, certo!?) para ajudar você na busca pelo seu estágio (caso você ainda não esteja estagiando) ou no aprimoramento da sua função de estagiário.

PARTE 5

O jeito mais eficiente de fazer algo é fazendo.

(Amelia Mary Earhart)

Capítulo 10

PASSOS DECISIVOS: RUMO À EFETIVAÇÃO E AO SUCESSO DURADOURO

Eu estaria mentindo se lhe dissesse que ter bons relacionamentos não é relevante para a sua efetivação. Aonde quer que vá, você se deparará com certas barreiras que só serão atravessadas — ou menos difíceis de se atravessar — com a ajuda dos contatos certos. A sua efetivação não depende única e exclusivamente desses contatos, mas, certamente, eles terão algum um peso e ajudarão você a chegar aonde deseja.

Quando ingressei no meu estágio, sempre me perguntava como os executivos e líderes faziam contatos, como conheciam pessoas importantes e qual era o nível dos "rolês" a que eles iam, visto que eu, é claro, não tinha tantos contatos quanto eles, tampouco frequentava os mesmos ambientes, mas foi aí que percebi que tudo era uma questão de aprendizado, vontade e comunicação.

Desconheço o seu contexto, mas caso você e/ou seus familiares não sejam pessoas tidas como influentes, não se preocupe, pois essa é uma questão totalmente reversível. Sempre que eu pensava na minha própria realidade e comparava-a à de outras pessoas, eu ficava sem entender como chegar lá e o que, exatamente, eu precisava fazer. Foi quando me lembrei de um ditado muito popular: "Ninguém nasce sabendo". Sei que esse ditado talvez soe totalmente fora de contexto, mas ele traz consigo uma perspectiva de adaptação muito interessante, afinal, "ninguém nasce com contatos".

Eles sempre surgem de alguma forma, a questão é torná-los saudáveis a ponto de você poder contar com pessoas que tenham muito a agregar à sua vida, e que essa seja uma via de mão dupla.

Uma vez, tive uma aula com um executivo chamado Jakob Stigler, cujo tema era Comunidade. Essa concepção diz muito sobre o seu objetivo ao se relacionar com pessoas interessantes para sua vida pessoal e profissional. Procure, então, criar comunidades. A comunidade de um CEO é algo de causar inveja, mas ele batalhou para tanto, e é graças a ela que ele se sustenta. Sua comunidade o acompanha dia e noite, aonde quer que ele vá.

Sei que somos jovens e temos mesmo que frequentar baladas e curtir a vida de verdade. Mas atente-se em também tirar um tempo para formar a sua comunidade social, que será composta por amigos (obviamente) e pelas pessoas com as quais você convive no trabalho. À primeira vista, pode não parecer, mas ela o levará a outro patamar.

A concretização da sua efetivação aliviará um "peso" das suas costas e será a evidência de que você está preparado para assumir uma responsabilidade maior e ingressar de fato como um verdadeiro "colaborador". Entretanto, preocupe-se em mostrar muito mais do que um bom trabalho. Quer saber como? Selecionei algumas práticas que considero decisivas. Vamos lá:

Entregas contínuas de valor (fazer sempre aquele "algo a mais"):

Quando falo de entregar valor continuamente, estou me referindo a entregar aquilo que lhe foi solicitado, aquilo de que você dispõe e que pode ajudar sua equipe ou organização; suas opiniões sobre determinado assunto, sua participação ativa em debates e reuniões e tanto mais.

Entregas de valor são muito importantes à sua visibilidade enquanto estagiário. Um ponto crítico no comportamento da maioria dos estagiários é permanecerem em silêncio durante reuniões.

Até concordo que em algumas delas não seja preciso dizer nada, mas tente sempre se mostrar interessado na pauta da reunião da qual está participando, afinal, você também faz parte daquele processo de tomada de decisão. Ademais, não se sinta acanhado ou receoso de falar "merda" ou errar. Não existe pergunta idiota — menos ainda, pergunta errada, — o que existe é PERGUNTAR.

Certo dia, perguntei ao meu líder o que eu fazia que ainda transmitia a ideia de que eu era um estagiário, e ele disse que faltava eu me soltar nas reuniões, porque tinha ideias muito boas, mas não as compartilhava nem as colocava "para jogo". A partir daí, "virei a chave" e comecei a dar minha cara à tapa nas reuniões e nos encontros. Não vou mentir: haverá momentos em que você encontrará alguém não tão paciente ou um pouco ríspido, mas faz parte do jogo. O que importa é saber sair dessas situações com elegância e evitar os mesmos erros. A dica é: faça perguntas construtivas e assertivas. No tempo certo. É meio como ter que acertar o tiro no alvo em movimento, sabe?

Preocupe-se sempre com a sua carreira em primeiro lugar; depois (mais uma vez), com bons *cases* que o levarão longe e lhe trarão visibilidade. Nem sempre você fará parte do time que é "o centro das atenções". E tudo bem. "A grama do vizinho sempre é mais verde", não é mesmo? A despeito disso, busque movimentar-se dentro da empresa (se a cultura permitir). Dessa forma, você terá a oportunidade de conhecer outras áreas, participar de transformações e trabalhar o seu propósito.

Entregas contínuas de valor deverão ser a engrenagem que faz girar o seu propósito e crescimento pessoal. Eu creio totalmente nisso, porque acredito que boas entregas são sempre relevantes à minha missão profissional e de vida.

Existe uma prática que talvez seja um pouco difícil para você visualizar agora: ser um agente transformador de alguma dor latente em sua profissão ou setor de atuação. Trabalhar para ser uma pessoa transformadora por onde você passa, talvez seja o maior legado que poderá deixar (e que dirá muito a seu respeito, especialmente, qual é o seu objetivo no lugar onde está e aonde pretende chegar).

Trabalhar com propósito é estar certo de que fará entregas contínuas de valor e terá, ao fim do dia, o reconhecimento de que precisa (caso esse reconhecimento não chegue, reflita acerca de possíveis razões e procure por pontos de melhoria. Caso haja abertura para tanto, vale até bater um papo com seu líder direto). Bem, se esse parágrafo acabou soando meio estranho para você, ou você achou que essa foi uma verdadeira "viagem" minha, não tem problema. Juro! Peço apenas que reflita e se pergunte se, um dia, poderá fazer sentido à sua vida.

Versatilidade e Adaptação

Não sei se você já utilizou no celular algum aplicativo de navegação mas, em caso afirmativo, já reparou que em um dia de trânsito intenso o aplicativo simplesmente muda a rota e lhe envia um alerta na tela dizendo: "X minutos a menos por essa rota"?

A estratégia de uma área ou de toda uma empresa funciona da mesma forma. Explico: Sempre visando a um bem muito maior, você sofrerá mudanças de rota o tempo inteiro, ok? Não se decepcione caso precise refazer certos trabalhos, iniciar novas discussões com seu time ou, até mesmo, mudar as suas tarefas e linha de raciocínio.

Por essa razão justamente, considero a versatilidade uma das principais habilidades de um estagiário em vias de efetivação. Ser rápido em se adaptar pode colocar você diante de muitas oportunidades e até mesmo em janelas interessantes para sua carreira (quando digo "janelas", estou falando sobre posições nas quais você esteja apto a se responsabilizar pela sua habilidade em se adaptar!).

Esteja sempre preparado e atualizado quanto às movimentações do setor em que trabalha, da empresa de que faz parte e até mesmo quanto aos fatores macroeconômicos que o rodeiam (mudanças de liderança, desligamentos, descontinuidade de produtos etc.). Essas rotas estão em constante evolução e, especialmente se você trabalha em uma das grandes empresas do país, perceberá que uma empresa nunca entra num jogo para perder, de modo que mudanças são esperadas, e o que esperam de você é versatilidade, dançar conforme a música. Preocupe, contudo, em não fugir do seu propósito, não infringir seus valores, tampouco expor-se a situações desnecessárias (não se venda nem se corrompa por nada ou ninguém!).

Eu faço parte de uma área em constante evolução, a Inteligência Artificial. É natural que sempre surjam novos termos, novas ferramentas, novas visões e novas rotas. Em diversas as reuniões, nós comentamos sobre adaptação e versatilidade, esse é um papo recorrente, pois é muito importante para o fluir de ideias e visões.

Vou lhe dar um conselho e peço que não o interprete errado: seja o colaborador que desejará ter ao seu lado quando você for o líder. Não gosto de lançar mão desse tipo de frase comumente ditas por *coaches* com frequência, mas essa é uma afirmação bastante verdadeira, gostemos ou não.

Comunicação e Apresentação

Se você não ouviu, ainda ouvirá muito sobre reconhecimento. Das duas, uma: ou as pessoas falarão bem de quem que está liderando você (é sobre reconhecer as tarefas), ou falarão mal. Não há meio-termo. Reconhecimento sempre foi a chave do crescimento. Busque mostrar aquilo que os outros querem ver. Não é incomum que o profissional na liderança esteja olhando apenas para um aspecto e pareça não reconhecer os outros. Sendo assim, adapte-se e mostre a sua entrega quanto a esse exato aspecto; tente se aproximar, mostrar seus feitos, tirar dúvidas, pedir conselhos. Seu líder está lá para te ajudar com isso tudo. COMUNIQUE-SE! O seu reconhecimento não virá se você não "der as caras" e se comunicar.

Muitos buscam o reconhecimento estando sempre "sentados" no mesmo lugar, na sua zona de conforto, fazendo as mesmas tarefas. Você acha mesmo que, dessa forma, o reconhecimento que você merece virá?

No inconsciente de todos, o dinheiro será sempre prioridade (e não estou dizendo que esteja errado), mas tente enxergá-lo como uma consequência do que você faz hoje, apenas uma moeda de troca acordada entre você e a empresa por suas tarefas e suas responsabilidades. Ou seja, não busque reconhecimento exclusivamente para ter mais dinheiro, busque-o para assumir responsabilidades e então você verá o dinheiro.

Além disso, penso que você precisa fazer o dinheiro trabalhar para você, e não o contrário. Apesar disso, sei perfeitamente que é muito provável que não consiga fazê-lo de imediato, pois precisa do dinheiro por diversos motivos. Tudo que trago aqui tem bastante a ver com os seus próximos passos.

Pessoas e Auxílios

Lembra-se de que comentei que trabalho é sobre pessoas?

Seus próximos passos serão mais firmes se você encarar essa perspectiva como uma espécie de mantra. Saber lidar com pessoas e ter jogo de cintura te ajudará a desenrolar tarefas morosas, prazos apertados, tarefas urgentes e tanto mais! Se você não dispõe de nenhuma vantagem nas mãos, mas tem uma grande responsabilidade, saiba construir relacionamentos e utilizar a simpatia a seu favor.

O que você prefere: uma pessoa que, "no atropelo", chega te pedindo que execute certas tarefas, ou alguém com uma abordagem mais sutil, que pergunta se você tem um minuto para conversar e, em conjunto, tenta chegar a um meio-termo que beneficie a ambos?

A sua forma de lidar com pessoas diz muito sobre a sua forma de se comunicar! Recentemente, ouvi algo muito legal: "Comunicar-se não é como *você fala*, é como *o outro ouve*". Por esse motivo, uma postura simpática é o primeiro passo a dar numa relação de trabalho com um colega de fora da sua equipe, mas que tem envolvimento direto em suas tarefas e pode, de alguma forma, atrasar o seu trabalho.

É natural que em muitas empresas tudo seja "para ontem", com prioridade máxima. Para que você se adapte e entre nesse ritmo de urgência, relacione-se bem com as pessoas e ajude-as de forma eficiente. Esse é mais um passo firme em direção à sua progressão de carreira. Busque ser aquele de quem os outros precisam e com sabem poder contar para resolver algum problema. Não que você seja, grosso modo, o "fodão" em resolver alguma coisa, mas sim porque lança mão de técnicas e habilidades que os outros não têm: empatia e eficiência comunicativa. Acredite em mim, você será muito requisitado caso saiba fazê-lo.

Visão + Ação = Resultado

Falamos muito aqui sobre ser disruptivo e tirar as ideias do papel, não é mesmo?

Essa é mais uma habilidade que quero que você desenvolva: ser uma pessoa que tem boas ideias e estratégias igualmente eficazes para tirá-las do papel, transformando-a em resultados concretos.

É extremamente gratificante ver as suas ideias acontecerem e gerarem resultados (por menores que eles sejam), bem como sentir que o seu propósito está, de fato, sendo escrito, e que estava certo quando resolveu trazer aquela visão para o time. Para garantir que isso aconteça, prepare-se bem. Pratique boas ideias e conheça os meios ou as ferramentas de que lançará mão para viabilizá-las.

Certas realizações não têm preço! Portanto, curta muito esse momento. Não vou me alongar muito nesse passo, porque boa parte deste livro, até aqui, serviu justamente para destrinchá-lo e dar um "duplo clique" sobre ele.

Seja claro!

É preciso mostrar para a sua liderança o que realmente quer. Sendo assim, não tenha medo de dizer a verdade! Percebo que muitos estagiários desejam a efetivação por uma questão de mero conforto, mesmo não estando satisfeitos dentro de suas equipes. Se esse for o seu caso, converse com a sua liderança (recomendo que esse papo comece pelo menos seis meses antes do término do seu contrato), mostre seu plano e utilize desse papo para garantir que ela compreenda a sua situação e tentar ajudar você a migrar para outra equipe ou outro setor (caso você deseje permanecer na empresa). Atente-se, porém, em certificar-se de que ela esteja aberta a isso — às vezes, pode ser mais fácil (e até mais prudente) você mesmo buscar meios para isso, pois não há nada de errado em fazer contato com outras equipes e demonstrar interesse em ser efetivado nelas.

O essencial é ser honesto; saber, exatamente, o que quer e aonde quer chegar; e ter um plano traçado para tanto. De nada adianta querer ser efetivado em outro lugar, mas não saber qual é o próximo passo para isso ou nem mesmo o porquê de aquele lugar ser interessante para você em médio prazo (no mínimo).

É imprescindível que você tenha seu propósito definido *antes* da finalização do seu contrato de estágio. Ainda que mais adiante acabe mudando totalmente de rumo, dê esses primeiros passos com seu propósito previamente estabelecido. Tem a ver com ser claro com os outros e consigo, além de saber, sempre, quais direções tomar.

Seja marcante

Estou lendo um livro chamado *A Vaca Roxa* (2022), de um dos meus atores preferidos, Seth Godin. Ele traz uma passagem muito interessante que resolvi incluir aqui e que, certamente, é algo que gostaria MUITO de ter ouvido quando ingressei no meu estágio: SEJA MARCANTE.

Essa não é uma tarefa muito fácil, admito, mas, na mesma medida, é uma tarefa **singular** que você carregará com muito orgulho pelo resto da sua carreira. Marcar a vida de pessoas, de consumidores, deixar uma marca positiva e relevante por onde passar terá sido uma das coisas mais nobres e importantes que poderia ter feito ao longo da sua vida profissional. Cative os outros com seu jeito genuíno de ser, encante-os com seus pensamentos; encare desafios e ofereça suporte aos membros da sua equipe e deixe sua marca no mundo (por menor que seja). *"Se você for marcante, provavelmente haverá quem não goste de você. Isso faz parte da definição de ser marcante"* (Godin, 2005, p. 55).

Às vezes eu me preocupava em vestir máscaras ao falar com as pessoas, tentava interpretar o meu melhor personagem, mas descobri que isso não era bom, pois assim eu estava me distanciando da minha melhor e mais verdadeira forma.

Quanto a isso, a única dica que deixo aqui é a seguinte: seja uma pessoa boa, realmente queira bem àqueles que estão ao seu lado, em ambas as esferas — pessoal e profissional — e seja, verdadeiramente, VOCÊ. A inveja e os pensamentos negativos andam lado a lado com o seu próprio fracasso. É humano sentir alguma inveja de outras pessoas ou do crescimento delas, mas tente deixá-la para lá e forcar, sempre, naquilo que realmente importa: no SEU crescimento.

Em suma, seja marcante e deixe um pouco de você em cada pessoa com quem trabalha; permita, ainda, que deixem um pouco delas em você também. Abra-se para que essa troca aconteça!

Os passos que expliquei até aqui são questões sobre as quais eu gostaria de ter lido e aprendido quando recebi meu *e-mail* de aprovação no estágio. Pesquise mais sobre cada um deles e converse a respeito com alguém mais experiente. É bem provável que absorva pontos de vista diferentes que poderão agregar ainda mais! Essa partilha de conhecimento entre amigos ou pessoas próximas no seu trabalho enriquece o seu repertório e permite "pensar fora da caixa".

Capítulo 11

VALE DO SILÍCIO: O QUE PODEMOS APRENDER COM O VALE DA INOVAÇÃO

O Vale do Silício tem muito a nos ensinar, não só pelos profissionais ali serem excelentes em lançar produtos extraordinários, mas também são muito visionários. Comecei a pesquisar sobre o local para poder compreender o que ele tinha, assim, de "tão diferente". Constatei vários pontos, dentre eles, a cultura. Ela foi citada neste livro por conta disso mesmo, mas não é o único diferencial quanto aos estudiosos do Vale, e sim a gama de desafios que eles precisam enfrentar.

A ideia-chave deste capítulo é que você tente absorver todas essas ideias propostas aqui e tente aplicá-las direta e indiretamente na empresa em que trabalha ou ao negócio que deseja começar — lembrando que o intraempreendedorismo é algo muito valorizado pelas empresas, mas estou com você caso, mais adiante, queira abrir o seu próprio negócio.

Marty Cagan e diversas outras mentes pensantes discorrem muito sobre riscos e como tolerá-los, visto que, quando você está à frente da tomada de decisões, do lançamento de um produto ou serviço e da apresentação de uma ideia autêntica, o que se espera é que saiba muito bem defender sua viabilidade com amostras e projeções dos riscos. Todas as empresas com as quais você tem contato hoje em dia passam por isso, desde a área de Pesquisa e Desenvolvimento até o Marketing e os cargos executivos. Ter consciência dos erros e saber analisá-los, estar seguro de para onde ir e como tolerar tais erros é o que faz o dinheiro entrar nas *startups* do Vale do Silício. Além disso, elas contam com uma figura muito importante chamada *Capitalista de Risco* — uma empresa ou pessoa que apostará na sua ideia. É como se você fosse o foguete, e ela, o combustível, entende? Bem, por mais que eu ache esse um assunto interessante, não me estenderei sobre ele. Caso também lhe interesse, sugiro pesquisar sobre "John Doerr".

Normalmente, nós mapeamos os riscos por meio de matrizes e, a partir delas, analisamos os pontos frágeis e fortes que aquela ideia ou produto tem. Em seguida, iniciamos discussões sobre esses riscos e demais prioridades. O que eu acho importante que você entenda é que esses riscos podem tanto derrotar sua ideia quanto destacá-la. O ponto é que você deve estar munido de bons argumentos e de uma análise prévia minuciosa para começar a defender as ideias realmente relevantes e os pontos de melhoria importantes que foram identificados.

Executar um bom trabalho com certeza lhe abrirá outras portas, mas sinto que, atualmente, com as mudanças constantes pelas quais as empresas estão passando, a inovação e o olhar visionário lhe conferem destaque naquilo que você faz. Determinados cargos realmente são de pura execução. Ainda assim, tente enxergar as coisas de uma perspectiva diferente, e nunca caia na ideia de que "sempre foi assim"…

Cometer erros faz parte do processo de aprendizagem, e você nunca deve ter medo de errar, pois somente assim poderá aprender. Existem erros, no entanto, perfeitamente evitáveis por já terem sido mapeados diversas vezes. Dentre os diferentes mapeamentos, o que mais me chamou a atenção foi o de Bill Draper. Para ele, existem (principalmente) **nove erros** que podem ser evitados por empreendedores. A saber:

1. Criar projeções excessivamente otimistas sobre o tamanho do mercado e as aquisições do consumidor. Em outras palavras, ser otimista demais quanto à sua ideia, simplesmente por ela ser sua.

2. Subestimar cronogramas.

3. Tentar fazer tudo sozinho.

4. Não ser capaz de fazer um *elevator pitch*.

(Eu mesmo demorei muito para aprender a fazer uma apresentação excelente).

5. Ser inflexível.

6. Não desenvolver um plano de execução claro.

7. Construir uma diretoria só com amigos.

(Isso caso você empreenda ou assuma cargos de liderança adiante).

8. Não tomar uma atitude em uma recessão.

Entenda também como não tomar uma atitude caso as coisas deem errado. Saiba equilibrar pessimismo e otimismo. Para além, se a empresa estiver passando por uma crise, procure ter ideias que levam a fins de eficiência, por exemplo.

9. Não saber a forma correta de abordar investidores de risco.

10. Aqui, entenda por investidor de risco a pessoa que estará apostando na sua ideia, não financeiramente, mas com tempo e outros fatores relevantes que favorecerão o que você quer apresentar.

Muitas vezes tive minhas ideias eram tolhidas por diversos motivos; dentre eles, a falta de dados que comprovassem seu real valor. Contudo, aprendi um fundamento muito importante, que me ajudou na contraproposta daquilo que eu estava apresentando, não só porque gostaria que fosse viável, mas sim porque eu sabia que mais adiante ela traria um bom resultado para a equipe e para a empresa.

Tal fundamento é conhecido como "Giro de Pivô". Girar o pivô tem a ver com uma mudança de estratégia ágil e precisa, como se você conduzisse um barco na direção norte e, rapidamente, mudasse o rumo para o sul, porque acredita fazer mais sentido. Girar esse pivô pode fazer com que sua ideia seja viável — e é aí que você precisa se resguardar e ter, sempre, um "plano B", não só por ele poder ser útil, mas porque mostra que você está preparado e disposto a viabilizar a sua ideia.

Quando eu comento sobre fazer uma análise criteriosa da sua ideia e preparar uma boa apresentação, refiro-me a, também, saber mudar a sua direção de modo a não a tornar inviável. Dispor dessa habilidade tem a ver com a consistência da sua ideia e com o quanto você é visionário.

O que eu acho interessante nas empresas do Vale do Silício é como elas pensam na quebra de paradigmas. Se pararmos para analisá-lo, veremos que o slogan da Apple fala exatamente disso: a quebra do *status quo*. O interessante é que não é só ela quem busca fazê-lo, mas diversas empresas que surgem nesse Vale maravilhoso.

Tais empresas podem servir de *case* para expandir o seu campo de ideias. Experimente romper com o "tradicional" do local que você trabalha ou do mercado de que faz parte (caso empreenda). Algumas perguntas que podem te ajudar a identificar tais processos tradicionais que sua empresa faz são:

1. Quais os pontos de dor da minha equipe?
2. Do que todo mundo reclama, mas ninguém muda?
3. Qual é o *gargalo* do local em que eu estou? O que parece não andar?
4. Quais as interdependências que atrapalham o andamento daquilo que fazemos?
5. Por que todo mundo reclama, mas ninguém muda?

Se analisássemos diversos desses CEOs gringos que vemos hoje na liderança de impérios bilionários, e pontuássemos o que eles têm em comum, provavelmente chegaríamos às seguintes habilidades-chave: **Inteligência Criativa, Agilidade, Contatos, Persistência e Rotina.** Sei que há que se levar em consideração diversos fatores micro e macroeconômicos que os favoreceram, mas, talvez, perseguir essas *skills* possa ajudar você — não quer dizer que eles sejam, necessariamente, exemplos de boas pessoas, mas não podemos negar que fizeram acontecer.

Muitas dessas empresas nasceram com um plano e um propósito, algo de que já falamos muito por aqui. O que eu gostaria que você fizesse é traçar um plano de carreira com metas e prazos (conforme falamos nos capítulos anteriores). Para tal, seria interessante ter a ajuda de algum líder, mas caso não tenha muita abertura, procure criar um plano de carreira baseado em suas ambições e seus sonhos, não apenas pelo dinheiro, mas sim para a conquista do seu propósito profissional. Tente conectar muito bem uma coisa com a outra, para que ele seja consistente, inteligente e intuitivo; saiba, a partir disso, dar os próximos passos, mesmo estando ciente de que nem sempre esses planos sairão conforme o planejado.

Elas — as empresas — recebem muito investimento dos capitalistas de riscos, porque têm um motivo muito forte para existir, um motivo que mostra o potencial gigantesco que elas têm de dar certo. Trabalhe nos seus planos e nos seus propósitos com convicção e robustez para que não transpareçam dúvidas acerca da sua execução. Nossas metas podem demorar a serem alcançadas, nossos objetivos podem ser sonhadores demais, mas a única forma de construir algo grande é sonhando alto. Então, seja ambicioso e busque a sua verdade (mais uma vez, um papo meio "*coach*", eu sei).

Não sei o que você cursa, tampouco qual faculdade frequenta, mas sei que você deve estudar sobre negócios, comportamento humano e negociação. Em universidades como *Stanford*, uma das matérias mais valiosas é **desenvolvimento de negócios**. Nas aulas, os alunos realmente colocam "a mão na massa"; não há leis nem mesmo fórmulas, pois o que dita o real sucesso são os resultados.

Sinto falta de matérias como essa nas universidades brasileiras. Acredito que aprender sobre desenvolvimento de negócios não serve apenas ao empreendedor, mas também ao trabalhador e colaborador de uma empresa. Saber os princípios básicos e os pilares norteadores dos produtos que fazem (e fizeram) muito sucesso em nossa sociedade é um conhecimento valioso para o nosso cotidiano profissional e pode fazer com que você "valha ouro" para as empresas.

Pense na Teoria da Tábula Rasa: quanto mais experiência você adquirir ao longo do estágio, mais preparado estará para assumir novos desafios e solucionar novos problemas. Quando eu fazia estágio, meu lema era "sede de aprender"; não só por sempre calibrar minha forma de pensar, mas também porque eu precisava de experiências para assumir os desafios com os quais sempre sonhei. A busca pelo novo e pelo sucesso deve morar sempre dentro de você.

Assim, se há um conselho que eu gostaria de lhe dar é: não se prenda a lugar algum, seja livre para trilhar o seu caminho. Embora não devessem mais estar naquela posição, tampouco submeter-se a esse tipo de situação, muitos colaboradores passam anos em um único cargo e não conseguem alavancar suas carreiras por motivos diversos.

Relaxe. Não estou dizendo que abandone o seu emprego, pois entendo que o dinheiro é muito importante, portanto, não devemos romantizar essa estagnação. No entanto, tais colaboradores devem "se mexer" dentro da empresa, é como movimentar os pinos no tabuleiro, sabe? No esporte, seria como tirar o atacante e testá-lo na defesa, a fim de verificar se ele pode se desenvolver também por ali. Por isso, esteja sempre atento ao movimento da sua liderança, muitos líderes utilizam de seus liderados como trampolim de suas próprias carreiras. Esse tipo de situação poderá atrasar o seu progresso, então é essencial que você perceba os movimentos e saiba movimentar-se junto.

Um outro ponto que pode parecer um mero detalhe, mas que faz muita diferença e, assim sendo, é algo que você deve aprimorar já na primeira oportunidade, é o domínio da língua inglesa. O idioma não contribuirá apenas com a sua comunicação, mas também com os negócios. Muitas universidades, empresas e cargos exigem o domínio do inglês, e você não pode deixá-lo passar batido, pois será um divisor de águas quanto à sua carreira e futuro, de um modo geral.

Certa vez, em conversa com alguns líderes de empresas acerca de carreira, currículo, contratação e afins, um dos pontos com que todos concordaram, sem exceção, foi o domínio que o candidato deve ter sobre o idioma.

Muitas palestras que trazem *cases* mundiais são feitas em inglês; muitos livros excelentes são lançados, primeiramente, no idioma. Pense nisso. Antes de se formar e partir direto para um curso de pós-graduação ou mestrado (caso você deseje), matricule-se em uma escola ou contrate um professor particular de inglês. Mantenha esse tópico sob o seu radar, uma vez que essa é uma habilidade que faz a diferença, por exemplo, no Vale do Silício e, certamente impactará diretamente sua vida.

Você acha que faz boas escolhas? Já se pegou pensando que, talvez, suas últimas escolhas não tenham sido tão boas assim? Saber escolher é um ponto crucial para esses *founders* que criam produtos que nós amamos. Eles têm elevada capacidade de raciocínio e sabem pensar muito além em diversos cenários.

Nós somos jovens e estamos apenas iniciando no mercado de trabalho, mas já vá se preparando para, em um futuro muito próximo, no qual essas pessoas já vivem, experimentar a mudança ágil e rápida que o mercado exigirá. Isso serve tanto para empreendedores quanto colaboradores (e estagiários se incluem aí). Essa mudança é uma questão de sobrevivência para você que também entrou no estágio por questões financeiras.

Saiba estar muito bem preparado para os desafios que enfrentará. Vivemos hoje em um mundo com demandas e lançamentos de produtos "para ontem", e você experimentará essa urgência cada vez mais em seu trabalho. Assim, quanto mais preparado estiver, melhor será.

Não sei se já entrou em alguma das lojas de departamento Zara, mas sempre que entro lá vejo roupas completamente diferentes daquelas do mês anterior — e sempre mais bonitas. Isso porque a marca conta com uma esteira de produção ágil, e por trás de todos aqueles produtos, há pessoas dando o sangue pela entrega (em alguns casos, até literalmente, infelizmente). Enxergamos isso nas empresas do Vale do Silício. A Apple faz lançamentos gigantes por ano e sempre está pensando adiante (trata-se de inovação em um cenário ágil e desafiador), e vou utilizar de um exemplo que talvez faça você pensar ainda mais nesse desafio:

Imagine que você tenha passado por muitas necessidades financeiras, mas, com muito suor, conseguiu construir um hotel. Esse empreendimento cresceu e, hoje, é muito reconhecido no seu país, sendo considerado o maior do ramo de hotelaria no Brasil. Tem diversos funcionários ganhando salários acima do mercado, o crescimento do seu negócio chega a 20% ao ano e você está tranquilo com seu patrimônio. Agora, imagine que você não inove, porque não vê a necessidade, uma vez que a sua rede de hotéis é a maior do país há vinte anos. Entretanto, eis que surge um concorrente do Vale do Silício… Uma *startup* que promete entregar hospedagens de uma forma inovadora e jamais vista antes, chamada Airbnb. Essa *startup* tem nas mãos todo o necessário para enfraquecer o seu império, desde um bom App, até parceiros que fornecem ótimas acomodações aos seus clientes. Por fim, seu negócio perde força, e você precisa tomar decisões para mantê-lo funcionando. O que você faz?

Esse exemplo traduz a realidade diária de muitas pessoas que ocupam posições de liderança e fará parte (talvez de forma menos impactante) da sua rotina também, afinal, um dia você poderá se deparar com um concorrente externo na mesma posição que a sua e que trabalha agilmente, de modo a conseguir fazer suas tarefas mais rapidamente e melhor. Com isso, você já sabe o que pode acontecer, certo?

Não estou dando esses exemplos para te deixar com medo nem para que se sinta ameaçado, mas sim para que pense como as magníficas pessoas do Vale do Silício pensam — à parte os CEOs que vêm fazendo *merda* no mercado atualmente. Ser disruptivo também é ter raciocínio rápido que resulte em ações igualmente rápidas.

Espero que tenha entendido o que foi exposto neste capítulo, mas caso algo não tenha ficado suficientemente claro, tente refletir. É para isso que ele serve, também.

PARTE 6

O sucesso não tem a ver com quanto dinheiro você ganha, mas com a diferença que você faz na vida de outras pessoas.

(Michelle Obama)

Capítulo 12

PESSOAS QUE MUDAM VIDAS

Eu estou escrevendo este capítulo enquanto sou impactado por notícias da guerra entre o Hamas e Israel. Precisamos, cada vez mais, ser pessoas que mudam vidas. Falei superficialmente sobre isso no Capítulo 9, mas este capítulo será dedicado exclusivamente a essa questão.

Muitas pessoas passam por dificuldades pessoais e, apesar de não as expor no ambiente de trabalho, seja por vergonha ou medo (entre outros motivos), muitas vezes, demonstram-nas em atitudes. Trabalho é sobre pessoas (como comentei no capítulo 8), e você também deve fazer o seu papel (falamos um pouco disso nos capítulos anteriores, lembra-se?).

Seja próximo daqueles com quem você trabalha e aproxime-se, ainda mais, daqueles que você perceber que necessitam de ajuda. Nós nos tornamos melhores quando fazemos o bem às pessoas e, parece que não, mas um simples gesto pode significar muito. Mudar vidas têm a ver com inovações que realmente merecem atenção e também com gestos nobres. Você perceberá que há ambientes hostis na sua empresa; esses ambientes, por si só, já são carregados de pessoas desanimadas por conta das tarefas, remuneração e/ou cobranças.

Eu sou uma pessoa tímida, mas quando percebo que estou lidando com alguém que está vivendo uma situação realmente difícil, tento me soltar, aproximar-me para entender o que está acontecendo e tentar ajudar de alguma forma.

Caso você trabalhe de fato com inovação ou lide diretamente com pessoas, experimente colocar a empatia à frente de qualquer coisa. Provavelmente, perceberá que ela faz a diferença e, por vezes, é algo muito simples de ser executado. Seus gestos dirão muito sobre quem você é de verdade (e acredito que eu já tenha afirmado, no decorrer deste livro, que tudo tem a ver não com o seu cargo, mas com quem você realmente é!).

Não ajude os outros para obter privilégios. Faça tudo de coração e mude vidas verdadeiramente. Isso fará com que lhe enxerguem com olhos de admiração. Tenho aqui apenas um ponto de atenção que eu quero que considere: não confunda *simpatia* com *empatia*. Haverá momentos em sua carreira, principalmente dependendo do seu cargo, que ser simpático não será um dos melhores caminhos (infelizmente), mas isso não quer dizer que você não deva tratar bem as pessoas. Basta que não misture simpatia *no* trabalho com simpatia *fora dele*. Pense naquele líder "bonzinho" que todos amam e de quem querem ficar perto; agora, pense que metade das pessoas que o amam não o levarão a sério simplesmente por ele ser "bonzinho"! Essa falta de credibilidade pode acarretar em problemas, como produtividade da equipe, faltas e até mesmo na demissão do líder.

Quando você ocupa posições de evidência, como líder de alguma demanda, o ponto focal de alguma rotina ou algo relacionado, tome cuidado com a simpatia, pois ela, em excesso, pode lhe causar dores de cabeça desnecessárias.

A história das pessoas diz muito sobre quem elas são. Acho bastante ruim quando algumas delas são excluídas. Contudo, por vezes, isso acontece por conta de suas atitudes. O que poderá mudar esse cenário são as outras pessoas, ao redor. Eu mesmo já ouvi muito que determinada pessoa não tinha jeito e, portanto, eu deveria me afastar dela, mas sempre fiz o contrário. Evidentemente, existem cenários nos quais é melhor você "ficar na sua", mas tente analisar se há meios de ajudar. Ser alguém que muda vidas é fazer pelos outros algo que gostaria que fizessem por você.

Eu sempre penso que tudo aquilo que um dia me deram é um motivo a mais para que eu retribua a alguém que tem nada ou muito pouco — assim como eu, um tempo atrás. Quem não gostaria de um ombro amigo para desabafar sobre o estresse do trabalho, pedir ajuda, contar segredos e amadurecer? Independentemente de nossa realidade, nós somos privilegiados demais. Muita coisa é feita por nós. Existem pessoas por aí que passam por situações inimagináveis. Se um dia, alguma delas cruzar o seu caminho, estenda-lhe a mão!

Trabalhar e se desenvolver é mérito todo seu, mas com certeza alguém te ajudou a chegar aonde está, fosse alguém dentro da sua casa, na escola, faculdade ou em seu ciclo de amizades.

Ética e respeito são valores indiscutíveis e inegociáveis. Carregue-os para dentro do seu ambiente de trabalho. Demonstre que você os preza, em suas atitudes, palavras e gestos. Essa é, também, uma forma de retribuir aquilo que, um dia, fizeram por você. Nos estágios acontece uma variação muito grande de remuneração, mas, de qualquer modo, existem muitas profissões que não pagam o que você ganhará adotando essa postura. Pense nisso!

Tenha responsabilidade com seu dinheiro e, se um dia sentir em seu coração, reserve uma parte para ajudar alguém que aparecer no seu caminho. No meu trabalho, sempre criam campanhas de doações, e é muito legal ver quantas pessoas se dispõem a ajudar. Talvez elas nunca venham a saber o quanto, de fato, ajudaram, mas um simples gesto para nós pode ser algo muito grande para o outro.

Estagiar de forma disruptiva é ter também conhecimento sobre mudar vidas. Trabalhar não é sobre saciar suas vontades pessoais, mas estar à disposição para contribuir com um futuro melhor para todos. Por isso, afilie-se a e seja um colaborador de empresas que fazem a diferença.

Dentre as minhas metas de longo prazo está a de me tornar um investidor de risco de *startups* brasileiras que mudam vidas e, para tanto, estou me capacitando e buscando conhecimento. Quando decidi escrever este livro, estava pensando muito nisso, pois sempre achei que contribuí pouco para o futuro das pessoas e logo me liguei que o estágio poderia ser parte dessa contribuição.

Eis mais um conselho meu: pense em tudo que você pode fazer para contribuir ao futuro de outras pessoas, pois tenho certeza que trilhará bons caminhos e será uma pessoa de sucesso (mesmo não te conhecendo).

Metas e propósitos visando ajudar ao próximo podem começar a qualquer momento, inclusive, agora, de modo que é possível potencializá-las para que façam uma diferença ainda maior futuramente. Assim, prepare-se e vá praticando.

Algo que considero uma verdadeira revolução que acarretou numa mudança de vida para todos nós, foi a descoberta da energia elétrica e, posteriormente, a inovação dos disjuntores (uma história, para mim, digna de ser contada).

A eletricidade nos possibilita a extensão do nosso dia. Essa, por sua vez, é originária do fogo. E o grande inovador, que foi capaz de "modernizar" o fogo com a criação da lâmpada incandescente foi Thomas Edison. Todavia, para a grande revolução de fato acontecer existia um desafio muito grande a ser superado: a falta de segurança e os riscos à vida por conta de curtos-circuitos. A seguir, conto muito brevemente essa história, para que ela sirva como inspiração.

Os disjuntores, também conhecidos como interruptores automáticos de circuito ou disjuntores elétricos, desempenham um papel crucial na segurança elétrica, prevenindo sobrecargas e curtos-circuitos que podem causar incêndios e outros perigos. Sua história tem as raízes no século XIX, com inúmeras contribuições ao longo do tempo para o desenvolvimento dos dispositivos de proteção elétrica que conhecemos hoje.

Uma parte fundamental dela é a inovação de Thomas Alva Edison, o inventor da lâmpada incandescente e fundador da General Electric. Edison desempenhou um papel essencial no desenvolvimento de sistemas elétricos durante a Guerra das Correntes, no final do século XIX. No entanto, os sistemas elétricos da época, como já citei, frequentemente enfrentavam problemas de sobrecarga e curtos-circuitos, o que poderia causar incêndios perigosos.

O dispositivo precursor dos disjuntores elétricos foi patenteado por Thomas Edison em 1879. Ele o chamou "disjuntor de circuito", embora fosse bem diferente dos disjuntores modernos. O dispositivo tinha a função de interromper o circuito elétrico em caso de sobrecarga, protegendo as instalações elétricas contra incêndios. Entretanto, ele era acionado manualmente, e não era tão eficaz quanto os disjuntores modernos.

A verdadeira revolução na proteção elétrica veio mais tarde, com o trabalho de vários inventores e engenheiros. O modelo precursor dos disjuntores modernos foi desenvolvido por Harland D. Sanders, em 1924. Seu dispositivo usava um interruptor eletromagnético para detectar sobrecargas elétricas e desligar o circuito automaticamente. Esse conceito evoluiu ao longo do tempo, e outros inventores contribuíram com melhorias.

No entanto, o ponto de virada mais significativo ocorreu quando a Westinghouse Electric Company lançou o primeiro disjuntor termomagnético, em 1927. Esse dispositivo usava uma combinação de calor e magnetismo para detectar sobrecargas e curtos-circuitos. Tais dispositivos eram muito mais eficazes na proteção de instalações elétricas em comparação aos anteriores.

A partir de então, os disjuntores elétricos se tornaram padrão na indústria elétrica. Houve aprimoramentos contínuos ao longo do século XX, e eles foram amplamente adotados em residências, empresas e indústrias. Os disjuntores desempenham um papel crucial na prevenção de incêndios e na promoção da segurança, garantindo que os circuitos sejam desligados automaticamente em caso de problemas elétricos, salvando vidas e evitando danos significativos.

Essa inovação na área elétrica é um excelente exemplo de como as inovações mudam vidas e contribuem para a segurança e o bem-estar da sociedade, ao mesmo tempo que revolucionam as indústrias e transformam a maneira como vivemos.

Para mim, essa foi uma das histórias mais legais de que já tive conhecimento, bem como uma das inovações mais interessantes e significativas que já aconteceram. Perceba que tudo isso girou em torno de pessoas. Daí essas descobertas terem sido tão importantes.

Uma vez, eu estava conversando sobre inovação com um amigo e ele me questionou sobre formas de inovar no ambiente dele, onde não é algo muito comum. Foi aí que esclareci que para inovar ele precisaria, na realidade, tentar ajudar as pessoas a partir de suas atitudes e tarefas. Como estagiário, você estará ali para facilitar o trabalho de determinadas pessoas. Assim, ter a empatia de assumir certas responsabilidades ajuda — e muito.

Seja, você, o estagiário com quem gostaria de contar um dia. Não tenho dúvidas de que perceberá muitas portas de entrada para ajudar sua equipe e será lembrado por isso.

Acredito que nosso mundo está muito padronizado. Parece que muitas ideias seguem um padrão e não têm qualquer diferencial para ajudar pessoas. Por mais que as marcas tentem se voltar mais ao Eixo de Governança, Sustentabilidade e Ambiental (ESG) — causas e tudo mais —, não estão falando exatamente sobre pessoas, mas sim sobre obrigações e *hypes* dos quais não ficar de fora. Se um dia você decidir empreender, tente, ainda mais, criar soluções que realmente façam a diferença. Ademais, caso um dia ocupe uma cadeira de liderança, não tome decisões pautadas em modismos ou questões legais, puramente. Inspire pessoas, mude vidas e faça a diferença.

Tempos atrás, eu estava dirigindo e um carro parou ao meu lado. Nele, havia um adesivo enorme, com os seguintes dizeres: "AQUI NA (NOME DA MARCA), NÓS UTILIZAMOS CARROS 100% ELÉTRICOS E NOS PREOCUPAMOS COM A EMISSÃO DE CARBONO". Fiquei pensando: até que ponto eles estão realmente preocupados com a emissão de carbono? É sabido que há por aí empresas muito mais preocupadas em apenas "aparecer", do que realmente em mudar vidas (mas admito que, de qualquer forma, eles estão fazendo sua parte. Existe uma linha tênue entre *hype* e solução, afinal).

Voltando um pouco ao assunto da guerra entre Hamas e Israel, neste momento, fui impactado por um vídeo de um menino de no máximo 5 anos de idade que tremia de medo em um abrigo militar, pois ele vira uma bomba explodir diante dele (ele estava, inclusive, todo sujo da poeira que se levantou com a explosão), e um militar tentava acalmá-lo. Para o militar, talvez aquele fosse apenas mais um dia de guerra, mas, para o menino, certamente foi um dos dias mais impactantes de sua vida. Mais uma vez, para o militar, ter de acalmar uma criança de 5 anos é tarefa "menos complexa" entre as coisas que ele teve de fazer na guerra. Para o menino, porém, aquele abraço fez, com certeza, toda a diferença.

Não medir esforços para ajudar pessoas eleva você a outro patamar. Você passa a dar valor a coisas realmente valiosas que não o dinheiro (não sei se você é assim, mas confesso que vivi períodos quando eu me importava apenas com questões financeiras). Com isso, não quero dizer que você deva simplesmente ignorá-lo, ok? Mas nessas situações, nas quais sente que realmente está ajudando, você, por um momento, se lembra de que, afinal, somos humanos. Ou seja, mais uma vez: é sobre pessoas.

Capítulo 13

NOMENCLATURAS, CARGOS E RESERVA DE EMERGÊNCIA

Seja em uma empresa tradicional ou em uma *startup*, você encontrará uma variedade de cargos e funções — além das estruturas organizacionais e as descrições de cargos serem muitas vezes diferentes devido às diferenças de tamanho, cultura e modelo de negócios. A seguir, apresento uma lista de cargos comuns em ambos os tipos de empresas; juntamente, descrições gerais (mas pode acontecer de você não ver alguns dos cargos citados):

Cargos em uma empresa tradicional:

1. CEO (*Chief Executive Officer*):

- Responsável pela gestão estratégica da empresa.
- Define metas, direciona a visão da empresa e toma decisões de alto nível.

2. COO (*Chief Operating Officer*):

- Supervisiona as operações diárias da empresa.
- Garante eficiência operacional e implementação das estratégias.

3. CFO (*Chief Financial Officer*):

- Gerencia as finanças da empresa.
- Lida com orçamento, contabilidade, investimentos e relatórios financeiros.

4. Diretor de Recursos Humanos:

- Responsável pela gestão de recursos humanos, contratação, treinamento e políticas de pessoal.

5. Diretor de Marketing:

- Planeja e executa estratégias de marketing para promover produtos e/ou serviços.

6. Gerente de Vendas:

- Supervisiona a equipe de vendas e define metas de vendas.

7. Gerente de TI:

- Responsável pela infraestrutura de tecnologia da empresa e pela segurança da informação.

8. Gerente de Operações:

- Supervisiona as operações cotidianas, como cadeia de suprimentos, produção e logística.

9. Analista Financeiro:

- Analisa dados financeiros e auxilia na tomada de decisões financeiras.

Cargos em uma *startup*

1. Fundador/CEO:

- Geralmente, o criador da empresa, lidera a estratégia e visão.

2. CTO (*Chief Technology Officer*):

- Responsável pela tecnologia e pelo desenvolvimento de produtos.

3. CMO (*Chief Marketing Officer*):

- Encarregado das estratégias de marketing e promoção da *startup*.

4. COO (*Chief Operations Officer*):

- Lida com as operações diárias e a execução das estratégias.

5. Desenvolvedor *Full-Stack*:

- Responsável pelo desenvolvimento de *software* e aplicativos.

6. Designer de Experiência do Usuário (UX):

- Cria a *interface* do usuário e a experiência do usuário em produtos digitais.

7. *Growth Hacker*:

- Desenvolve estratégias para acelerar o crescimento da base de usuários/clientes.

8. Gerente de Produto:

- Supervisiona o desenvolvimento e o lançamento de produtos e/ou serviços.

9. Analista de Dados:

- Coleta e analisa dados para tomar decisões informadas.

10. Especialista em Vendas e Suporte ao Cliente:

- Atende aos clientes, fecha vendas e fornece suporte.

Lembre-se de que em uma *startup* as responsabilidades muitas vezes são mais flexíveis e compartilhadas, e os membros da equipe podem desempenhar várias funções. Em contrapartida, em empresas tradicionais, os cargos tendem a ser mais especializados e hierarquizados. Além disso, a nomenclatura e as responsabilidades específicas podem variar a depender do setor e do estágio de desenvolvimento da empresa.

Os cargos de Analista geralmente são divididos em níveis como: Júnior, Pleno e Sênior, com responsabilidades e expectativas crescentes à medida que se avança na carreira. A seguir, estão as divisões desses níveis e suas respectivas descrições de tarefas (as tarefas citadas são um exemplo comum, mas você pode encontrar outras atribuições para os cargos).

Analista Júnior:

- Coleta e organiza informações relacionadas ao seu campo de atuação.
- Assiste em tarefas e projetos conduzidos por Analistas Plenos ou Sêniores.
- Realiza tarefas de rotina e fornece suporte às equipes.
- Aprende e adquire experiência prática no domínio específico.

Analista Pleno:

- Realiza análises mais complexas e independentes em seu campo.
- Colabora na identificação e resolução de problemas.
- Assume a responsabilidade por projetos específicos.
- Pode liderar projetos menores ou equipes pequenas.
- Desenvolve e melhora processos e procedimentos.

Analista Sênior:

- Assume, muitas vezes, papel de liderança em projetos e iniciativas.
- Assume a responsabilidade por decisões impactantes, sendo assistido por coordenadores e gerentes.
- Auxilia no direcionamento da equipe em direção a objetivos propostos por gerentes.
- Fornece orientação e treinamento a Analistas Júnior e Plenos.
- Assiste os gerentes e coordenadores em suas tomadas de decisão.

Lembre-se de que essas divisões e descrições podem variar de acordo com a empresa e seu segmento. Além disso, a progressão de carreira de um Analista Júnior para Sênior pode envolver anos de experiência, aquisição de habilidades e demonstração de resultados consistentes em suas funções anteriores.

É importante que você tenha conhecimento mínimo dos cargos que estão "acima" de você e suas responsabilidades, não apenas por serem seus próximos passos, mas para você saber como esses cargos podem dar suporte e auxílio em sua efetivação. Atualmente, muitos departamentos efetivam estagiários, pois sabem que eles são bons, têm visão, entregam trabalhos acima da média, são dedicados e são bem falados pelos outros cargos. Então, saiba se posicionar e gerar comunicação efetiva diante dos analistas também; tenha-os sempre em seu campo de visão e demonstre suas tarefas e interesse em segui-las. Muitas pessoas são abertas a ajudar, ensinar o que fazem e até dar dicas. Assim, utilize isso a seu favor e aprenda um pouco o que elas têm a dizer — a experiência delas contará muito para sua progressão de carreira.

Além disso, mais um ponto importante que você deve ter em mente é que cada cargo desse deve estar em concordância com o seu propósito. Saiba absorver e lidar com o máximo de cada um e busque sempre a evolução em tarefas, relações e experiências. Conversando recentemente com meus líderes, entendi que a maioria dos grandes feitos deles estavam alinhados aos seus propósitos, experiências e ensinamentos adquiridos por meio de livros, cursos e afins. Haverá, portanto, momentos quando você terá que saber unir esses três pilares e desempenhá-los de forma efetiva. Veja um exemplo:

Suponha que você seja um analista sênior e pretenda assumir uma posição de coordenador. Em certos momentos, você inovará ou agregará valor na sua posição atual (sênior) a partir dos seus conhecimentos externos, terá que utilizar da sua experiência (vivências) para realizar tarefas que virem *cases* e boas entregas alinhadas às suas relações (apresentando essas tarefas e se comunicando com seus líderes sobre sua promoção). Dessa forma, sua defesa sobre a promoção será muito mais visível em comparação a crer que você deva ser promovido simplesmente por já ter passado tempo demais no cargo (ou outras justificativas que, atualmente, não "colam muito").

Então, a grande questão é saber se alinhar com a sua liderança sobre os passos necessários para ser efetivado/promovido e sempre entregar mais. Eu recomendo que você utilize dessas frentes para sua promoção e efetivação, mas acredito também que cada caso seja único. Saiba estruturar suas frentes (por exemplo: experiência + habilidades + repertório) a fim de se desenvolver e alcançar seus objetivos.

Em um dos seus ensinamentos, Seth Godin (*A Vaca Roxa*, 2022), sugere perguntas interessantes acerca dos produtos de uma empresa, mas que podem ser perfeitamente feitas também em relação à carreira. São elas:

Quem precisa de você?

Por que lhe "usariam"? (Entenda esse questionamento como o porquê de colocarem você em determinada posição).

Qual sua maior entrega de valor? (O que você acha que faz que ninguém mais ou poucas pessoas façam?)

Como ele mesmo diz, são perguntas de fácil compreensão, mas difíceis de responder. Elas não precisam ser respondidas por você de imediato, mas treine respondê-las de forma concisa e tente chegar a uma conclusão.

Reserva de Emergência

Por questões legais, eu não posso recomendar investimentos — e nem é essa a ideia aqui, pois não sou nenhum *guru* de investimentos, tampouco um vendedor de cursos. Pretendo falar sobre sua grana em caixa, sobre o quanto é importante saber controlar suas despesas e guardar, mensalmente, uma parte da sua receita.

Nos capítulos anteriores, afirmei que cada realidade é singular, e muitos estagiários não conseguem guardar dinheiro a despeito da relevância disso. Então, fique tranquilo se esse for, justamente, o seu caso. A intenção aqui é lhe oferecer uma perspectiva sobre algo que você poderá aplicar mais adiante, quando sua receita aumentar. Agora, se já consegue guardar dinheiro, pratique esse exercício desde já.

Quando falamos em dinheiro, estamos tocando em um dos maiores tabus do mercado de trabalho. Por questões éticas e particulares, ninguém fica comentando por aí quanto ganha, pretende ganhar ou mesmo quanto tem na conta. Dinheiro é algo que nos move no atual modelo em que vivemos, e é importante você acompanhar uma prática comum em muitas empresas, que é ter dinheiro em caixa para fazer aquisições, pensar na saúde financeira da empresa etc. Há casos de empresas que se endividam para poderem expandir — o que é um movimento natural — mas você não deve tentar isso em casa (*risos*).

Para começar a fazer uma reserva financeira, primeiro, defina bem claramente o seu objetivo. Será ele quem guiará você durante a sua jornada de "fechar a mão". Além disso, você deverá segui-lo rigorosamente e, a partir dele, estipular um prazo para essa realização. Aí, sim, dividir em meses e/ou anos (se esse for um objetivo custoso) quanto você deverá guardar todos os meses.

A reserva de emergência é muito importante para se resguardar em caso de demissão, rescisão de contrato ou diversos outros casos que afetem diretamente a sua fonte de renda. Seu objetivo poderá te ajudar a ter foco, justamente, para guardar dinheiro, então saiba, também, "se autossabotar" por um bom motivo.

Quando iniciei o meu estágio, estabeleci uma meta de poupar quinze mil reais até o final do ano para, a partir dali, começar a investir (ou, caso fosse efetivado antes, viajar e curtir esse dinheiro). Foi quando comecei a contabilizar meus gastos para saber o quanto eu deveria guardar mensalmente. E então descobri que teria que abrir mão de algumas idas a baladas por aí (risos). Criar sua reserva fará com que você faça escolhas, então esteja preparado para cortar alguns custos e, consequentemente, algumas saidinhas para "rolês".

Mês a mês, eu fui bastante controlado e consegui chegar muito perto dos quinze mil, mas eu não contava com uma vontade: viajar.

Acabei viajando para Miami. Estou falando sobre isso abertamente, pois hoje, mais do que nunca, nós somos bastante compulsivos. Caso pertença à "geração Z", você bem sabe que nossa geração tende a gastar dinheiro com experiências em lugar de guardá-lo e investi-lo.

Tentar controlar-se é algo muito importante. Assim, um ponto de atenção para que você alcance seus objetivos é não solicitar aumentos do limite do seu cartão com frequência. É normal adotarmos tal prática a fim de que possamos gastar mais, parcelar alguma compra cara ou coisa do tipo, mas isso pode trazer terríveis consequências, e uma delas é o endividamento. Tenho um amigo que foi comprando e parcelando tudo o que via pela frente e, quando foi demitido, ficou com diversas dívidas, pois sua fatura mensal extrapolava o montante que ele ganhava.

A fatura do meu cartão foi, por muito tempo, próxima a dois mil reais. Só um tempo depois, já tendo amadurecido um pouco e feito a minha reserva de emergência, foi que aumentei meu limite. Gastar é muito bom e traz satisfação, mas muito cuidado com os gastos, tenha sempre sua reserva de emergência e seu objetivo em mente.

Aqui está o passo a passo, resumido, do que pontuei até agora neste tópico:

1. Defina seu objetivo em reais.
2. Estipule um prazo viável à conclusão do objetivo.
3. Divida o custo total do objetivo por meses e/ou anos.
4. Veja com o que você está gastando mais.
5. Tenha cuidado com o seu limite do cartão de crédito.
6. Evite parcelar compras, utilizando, preferencialmente, a função de débito.

Nós nos vemos no próximo capítulo! :)

PARTE 7

Eu não sonhei com o sucesso. Eu trabalhei para ele.

(Estée Lauder)

Capítulo 14

A LINHA TÊNUE ENTRE PISAR E PULAR UM DEGRAU

Se você é usuário de redes sociais já deve ter se deparado com dois dos pilares que movem as postagens e criações de conteúdo: a ostentação e o bem-estar. Não só isso, você já deve ter visto uma vida de um *influencer* prodígio que, aos 18 anos, é milionário e compra carros de luxo a cada mês. Digo mais: provavelmente, você adorou e começou a segui-lo ou, ao contrário disso, odiou e nem sequer lhe deu atenção. O problema aí está nas pessoas que não têm bom senso e acham que podem fazer como esses *influencers* sem que tenham metade da condição de vida que eles têm (e, quanto a isso, não há problema algum, afinal, você sabe que a vida deles não é, exatamente, como eles postam, mas apenas um recorte dela!). A grande crítica está, exatamente, na linha tênue entre pisar um degrau e pulá-lo.

Pisar no degrau significa que você está firme nele e preparado para pisar no próximo (ou já sabe, ao menos, quais são os próximos passos). Em contrapartida, *pular* um degrau significa pensar estar em nível mais elevado do que realmente está, pois tenta ser alguém que não é e acha que pode ter a vida similar à de um *influencer*.

No mundo das redes sociais, nós precisamos saber identificar o que é real e o que não é. Precisamos ter consciência do lugar em que estamos e do lugar em que queremos chegar. Portanto, não tente pular degraus por conta da ostentação, tampouco faça de tudo por um *post*. Você é muito maior do que isso.

A nossa juventude está vivendo momentos importantes nas redes sociais. Desde o *influencer* que vende cursos até a blogueira que fecha contrato com uma marca de luxo. E tudo bem. A única coisa com a qual eu não concordo é você se deixar ser manipulado a gastar dinheiro para tentar ter o mesmo estilo de vida e não se dar conta disso. Independentemente das suas condições financeiras, saiba quais são seus limites orçamentários, pessoais e profissionais. Além disso, tente sempre vencê-los avançando de forma equilibrada, e não simplesmente gastando dinheiro à toa para tentar imitar alguém. Quando me refiro à essa linha tênue, é isto que quero dizer: você precisa ser capaz de enxergá-la para, consequentemente, não a ultrapassar, entende?

Dias atrás, estava ouvindo um *podcast* da G4 Educação que afirmava algo parecido: a diferença entre a pessoa que passou dez anos construindo o que você vê no *Instagram* hoje, e a pessoa que está endividada há dez anos para, hoje, parecer que construiu algo. Cuidado! O imediatismo fará você postergar todas as suas metas em longo prazo e, tanto pior, transmitirá a sensação de que você está chegando lá.

Quando você está confiante em si próprio e segue com seus planos, não há motivos para temer, além de ser desnecessário tentar se parecer com alguém. Sabe por quê? Porque você tem algo que muitos não têm: **segurança emocional**. Quando compramos itens que vemos famosos usando, não o fazemos porque precisamos (na maioria das vezes), mas sim porque estamos tentando nos identificar com e nos espelhar nesse famoso, ainda que inconscientemente. Edgar Morin já dizia isso há muito tempo.

Sempre que resolver dar o próximo passo na sua vida (pessoal e profissional), esteja seguro quanto a aonde está indo e, não só isso, saiba visualizar o seu destino. Não estou dizendo para você não correr riscos, afinal, não os correr, por si só, já é arriscado. Estou pedindo para que esteja seguro de si e utilize mais o consciente do que o inconsciente.

Quem não gostaria de ter uma Porsche 911, uma mansão e um jatinho que atire a primeira pedra. Mas ser bem-sucedido não é apenas sobre posses materiais, mas sim sobre ter bons amigos, pessoas que amam você, gozar de saúde e tanto mais. Tal conquista depende de tempo e dedicação, e não tenho dúvidas de que você chegará lá, para, aí, sim, poder postar fotos com legendas com o teor que bem entender. Apenas não pule etapas, pois uma hora a escada cai e, tendo que colocá-la de volta no lugar, você demorará muito mais para chegar aonde realmente deseja.

Eu acredito muito nas fases que vivemos. Algumas serão de loucura e festas, outras, de leitura e reflexões. Eu já transitei nos dois mundos: aquele em que eu gastava achando que era um MC de funk, e aquele em que eu vivia lendo e refletindo, achando-me um verdadeiro Aristóteles (*risos*).

Sei que já comecei este capítulo com provocações e opiniões, mas saiba respeitar suas fases. Muitos estagiários não tiveram, anteriormente, a oportunidade de comprar itens ou objetivos supérfluos e agora simplesmente querem experimentar tê-los e conhecer a sensação — e não há nada de errado com isso, eu também já fui assim... — O equívoco é achar que uma vida de sucesso se resume a isso, e não querer romper esse ciclo compulsivo de compras.

Novamente, um papo meio de *coach*, eu sei, mas o dinheiro, no atual sistema em que vivemos, é feito para ser multiplicado. E, quando digo isso, talvez algumas pessoas se assustem, mas não estou dizendo para você viver plenamente o capitalismo "do Tio Sam", mas sim para gastar moderadamente, poupar e buscar uma vida melhor, e não só gastar e exibir (postar). Nunca se compare a pessoas que tiveram oportunidades diferentes das suas, mas faça boas escolhas, assim como provavelmente elas fizeram para chegar aonde estão.

Quando vemos pessoas famosas comprando carros esportivos, mansões milionárias e explorando o mundo em 30 dias, pensamos desejar essa vida, mas, muitas vezes, ignoramos o que é preciso para conquistá-la. Sonhamos mais do que realizamos. Até quando será assim?

Se você sonha e realiza, continue nessa, pois a linha de chegada será inevitável. Mas se apenas sonha e espera que tudo caia do céu, sinto lhe informar que você não é tão especial e iluminado a esse ponto. A oportunidade bate à porta, mas não gira a maçaneta. Nunca se esqueça disso.

Estagiar é a melhor fase para adotar essa forma de pensar e começar com o pé direito. Muitas pessoas gostariam de terem tido essa oportunidade antes de realmente terem começado a trabalhar. Muitos pais não tiveram essa escolha e nem a oportunidade de estagiar e refletir. Tenho certeza de que só de ler este livro, você a está tendo. Portanto, aproveite esse momento para desfrutar daquilo que não viveu, organizar tudo que pode atrasar você e evoluir para chegar aonde quer. Seja íntegro, focado e esteja sempre em movimento. Nunca "largue o osso" ou se esqueça de para aonde está indo.

Um pouco de tudo que expus aqui, eu gostaria muito de ter ouvido quando comecei o meu estágio. Várias pessoas têm acesso a essas informações, mas não as utilizam. Acho que é por isso que acontece de, por vezes, alguns estagiários despontarem mais que outros, por estarem a par desses macetes a que poucos estão. Entre no estágio para "detonar" e aproveite o cargo para transmitir (e confirmar!) aos demais a impressão de que você é muito mais do que um estagiário e de que está muito acima da média. Fazê-lo poderá levá-lo muito longe.

Eu espero que você cresça e prospere muito na profissão que escolheu. Que seja uma caminhada brilhante e cheia de desafios superados. Que você tenha foco e determinação e tenha acesso a lugares aos quais jamais imaginou que teria.

Finalmente, aproveite esse momento com sabedoria e responsabilidade, afinal, você pode chegar aonde quiser. Tudo é uma questão de determinação, escolhas e ação. Use o que tem de melhor para desfrutar do melhor. Entrar no mercado de trabalho não é fácil, então lute e conquiste tudo o que deseja. Vá atrás. Com garra e força.

Quando Estée Lauder disse não ter sonhado com o sucesso, mas, na realidade, trabalhado para ele, é exatamente sobre o que busquei discutir neste capítulo: não pule degraus achando que mudou de vida, pise no próximo degrau estando certo de que conseguiu avançar mais uma etapa. É aí que mora o "segredo".

Meu líder (e amigo) diz algo muito interessante e verdadeiro: *"Quando vocês aprenderem a bater palmas para o outro em vez de sentirem inveja, vocês melhorarão em muitas coisas"*. Superar seus limites só depende de você. Preocupe-se em se certificar de que esteja construindo algo realmente sólido, e não um castelo de areia capaz de ruir sob qualquer ameaça de uma ventarola.

Dê o melhor de si. E conte comigo para o que quer que necessite. — mais uma vez, ressalto que meu contato está lá atrás, na introdução do livro. Posso tentar ajudar você! No mais, desejo-lhe muito sucesso!

NOTAS

Citações

Parte 1

Churchill, Winston. *Por mais brilhante que a estratégia seja, você deve sempre olhar para os resultados.*

Disponível em: https://www.pensador.com/frase/\~:text=Por%20 mais%20brilhante%20que%20a%20estrat%C3%A9gia%20 seja%2C%20voc%C3%AA,sempre%20olhar%20para%20os%20resul-tados. Acesso em: 23 dez. 2023.

Parte 2

SINEK, Simon. *As pessoas não compram o que você faz. Elas compram porque você o faz.*

Disponível em: https://www.getstoryshots.com/pt/books/start-wi-th-why-summary/. Acesso em: 23 dez. 2023.

Parte 3

WIENER, Norbert. *A mudança para melhor só tem início quando se enxerga, com clareza, a próxima etapa.*

Disponível em: https://www.passeidireto.com/arquivo/100306182/ 1-gestao-de-rh-amostra. Acesso em: 23 dez. 2023.

Parte 4

JOBS, Steve. *Criatividade é a arte de conectar ideias.*

Disponível em: https://www.dialetto.com.br/blog/rede-de-ideias-inovacao-e-negocios/#:\~:text=Steve%20Jobs%20j%C3%A1%20dizia%20que,nasceram%20com%20um%20gene%20especial. Acesso em: 23 dez. 2023.

Parte 5

EARHART, Mary. *O jeito mais eficiente de fazer algo é fazendo.*

Disponível em: https://artsandculture.google.com/entity/m0lng-f?hl=pt. Acesso em: 23 dez. 2023.

Parte 6

OBAMA, Michelle. *O sucesso não tem a ver com quanto dinheiro você ganha, mas com a diferença que você faz na vida de outras pessoas.*

Disponível em: https://exame.com/carreira/10-frases-de-michelle-obama-para-ajudar-na-sua-carreira/. Acesso em: 23 dez. 2023.

Parte 7

LAUDER, Estée. *Eu não sonhei com o sucesso. Eu trabalhei para ele.*

Disponível em: https://www.emporioadamantis.com.br/blog/72/quem-sao-as-mulheres-de-sucesso-que-nos-inspiram.ea. Acesso em: 23 dez. 2023.

REFERÊNCIAS

BROWN, Brené. *A coragem de ser imperfeito*: como aceitar a própria vulnerabilidade, vencer a vergonha e ousar ser quem você é. Rio de Janeiro: Sextante, 2013.

CAGAN, Marty. *Empoderado*: pessoas comuns, produtos extraordinários. Rio de Janeiro: Alta Books, 2022.

CARNEGIE, Dale. *Como fazer amigos e influenciar pessoas*. São Paulo: Companhia Editora Nacional, 2018.

CHRISTENSEN, Clayton. *O dilema da inovação*: *quando novas tecnologias levam empresas ao fracasso*. Rio de Janeiro: Editora Campus, 2003.

DOERR, John. *Avalie o que importa*: como o Google, Bono Vox e a Fundação Gates sacudiram o mundo com os OKRs. Rio de Janeiro: Alta Books, 2019.

DUCKWORTH, Angela. *Garra*: o poder da paixão e da perseverança. Rio de Janeiro: Intrínseca, 2016.

DUHIGG, Charles. *O poder do hábito*: por que fazemos o que fazemos na vida e nos negócios. Rio de Janeiro: Objetiva, 2012.

DWECK, Carol. *Mindset*: a nova psicologia do sucesso. Rio de Janeiro: Objetiva, 2017.

GLADWELL, Malcolm. *O ponto da virada*: como pequenas coisas podem fazer uma grande diferença. Rio de Janeiro: Editora Sextante, 2019.

GOLEMAN, Daniel. *Inteligência emocional*: a teoria revolucionária que redefine o que é ser inteligente. Rio de Janeiro: Objetiva, 2017.

GODIN, Seth. *A Vaca Roxa*. São Paulo: Best Business, 2022.

GODIN, Seth. *Tribes*: nós precisamos que você nos lidere. Rio de Janeiro: Alta Books, 2009.

GRANT, Adam. *Dar e receber*: como liderar com generosidade e sucesso. Rio de Janeiro: Editora Sextante, 2014.

KAHNEMAN, Daniel. *Rápido e Devagar*: duas formas de pensar. Rio de Janeiro: Objetiva, 2012.

KIYOSAKI, Robert. *Pai Rico, Pai Pobre*: o que os ricos ensinam a seus filhos sobre dinheiro. Rio de Janeiro: Editora Campus, 2017.

KOTLER, Philip. *Marketing 5.0*: tecnologia para a humanidade. Rio de Janeiro: Editora Sextante, 2021.

KOTLER, Philip. *Os 10 pecados mortais do marketing*: sintomas e soluções. Rio de Janeiro: Editora Sextante, 2019.

LENCIONI, Patrick. *Os 5 desafios das equipes*: uma fábula sobre liderança. Rio de Janeiro: Editora Sextante, 2010.

NASSIM, Nicholas Taleb. *A lógica do Cisne Negro*: o impacto do altamente improvável. São Paulo: Editora Best Seller, 2007.

NEWPORT, Cal. *Deep Work*: regras para foco profundo e sucesso no mundo da distração. Rio de Janeiro: Alta Books, 2017.

PINK, Daniel. *Motivação 3.0*: os novos fatores motivacionais para o século XXI. Rio de Janeiro: Editora Campus, 2010.

PISCIONE, Deborah. *Os segredos do Vale do Silício*. São Paulo: Hsm, 2018.

ROBBINS, Tony. *Desperte seu gigante interior*: como tomar controle de sua vida financeira, emocional, física e espiritual. São Paulo: Best Seller, 2002.

SANDBERG, Sheryl. *Faça acontecer*: mulheres, trabalho e a vontade de liderar. São Paulo: Companhia das Letras, 2013.

SHULTZ, Mike; DOERR, John. *Professional Services Marketing*: how the best firms build premier brands, thriving lead generation engines, and cultures of business development success. New Jersey: John Wiley & Sons, 2009.

SINEK, Simon. *Comece pelo porquê*: como grandes líderes inspiram pessoas a agir. Rio de Janeiro: Editora Sextante, 2017.

THIEL, Peter. *De zero a um*: o que aprender sobre empreendedorismo com o Vale do Silício. Rio de Janeiro: Objetiva, 2014.

VAYNERCHUK, Gary. *Esmague!* Como aproveitar as oportunidades em um mundo em constante mudança. Rio de Janeiro: HarperCollins Brasil, 2018.